MEDIAÇÃO:
diálogos com a nova ordem – ODR

MEDIAÇÃO:
diálogos com a nova ordem – ODR

Beatriz Di Giorgi
Eliete Penna
Helena Ribeiro Tannus de Andrade Ribeiro
João Augusto Favery de Andrade Ribeiro
Rachel Raca Bromberg

São Paulo | 2022

ÍNDICE

Prefácio: Guilherme Assis de Almeida 7

Apresentação 9

AS ODRs COMO OPORTUNIDADE DE INSERÇÃO
DOS ADVOGADOS NOS MÉTODOS ADEQUADOS DE
SOLUÇÃO DE CONFLITOS 11
Helena Ribeiro Tannus de Andrade Ribeiro e João Augusto Favery de
Andrade Ribeiro

AS ODRs E A ADAPTAÇÃO DA ADVOCACIA
AOS NOVOS TEMPOS 23
Helena Ribeiro Tannus de Andrade Ribeiro e João Augusto Favery de
Andrade Ribeiro

A PREVALÊNCIA DA COMUNICAÇÃO VERBAL
NAS CONCILIAÇÕES E MEDIAÇÕES DE CONFLITO
NO MODO ON-LINE 36
Beatriz Di Giorgi

MEDIAÇÃO EM TEMPOS DE PANDEMIA 46
Eliete Penna

EFEITOS DO PROCESSO DE MEDIAÇÃO 54
Rachel Raca Bromberg

A ASSIMETRIA DAS RELAÇÕES DE CONSUMO E A
NECESSIDADE DO ADVOGADO E DE UM TERCEIRO
FACILITADOR NAS ODRs 61
João Augusto Favery de Andrade Ribeiro

RESOLUÇÃO VIRTUAL DE DISPUTAS – RVD **72**
Helena Ribeiro Tannus de Andrade Ribeiro e João Augusto Favery de Andrade Ribeiro

NOVOS RUMOS NOS DEZ ANOS DA RESOLUÇÃO Nº 125/2010 DO CONSELHO NACIONAL DE JUSTIÇA **83**
Helena Ribeiro Tannus de Andrade Ribeiro e João Augusto Favery de Andrade Ribeiro

A NOVA ATUAÇÃO DO ADVOGADO E A MEDIAÇÃO NO AMBIENTE VIRTUAL – ASPECTOS LEGAIS, TÉCNICOS E ÉTICOS **95**
Helena Ribeiro Tannus de Andrade Ribeiro e João Augusto Favery de Andrade Ribeiro

FERRAMENTAS PARA PROVOCAR MUDANÇAS NA MEDIAÇÃO ON-LINE **116**
Helena Ribeiro Tannus de Andrade Ribeiro e João Augusto Favery de Andrade Ribeiro

A FERRAMENTA DO SILÊNCIO NA MEDIAÇÃO ON-LINE **129**
Helena Ribeiro Tannus de Andrade Ribeiro e João Augusto Favery de Andrade Ribeiro

Os autores **137**

PREFÁCIO

Beatriz Di Giorgi (uma das autoras) e Fábio Humberg (editor deste livro) são amigos de longa data. Ao me convidarem para escrever o prefácio de *Mediação: diálogos com a nova ordem – ODR* fiquei alegre e matutando para escrever este texto... Refleti o quanto a mediação se relaciona com a amizade. É a esse respeito o próximo parágrafo.

A amizade, como a mediação, tem como princípio fundamental uma norma permissiva, vale dizer: a possibilidade do *non liquet*. Explicando para os não iniciados, no âmbito do Poder Judiciário, o juiz não pode não decidir. Não existe essa opção! Na mediação, podemos só tentar conversar, com a ausência da obrigação de decidir... O mesmo vale para a amizade: temos liberdade de escolha, e esse princípio fundamenta toda verdadeira relação de amizade. Podemos sugerir vinho ou almoço vegano, suco de erva-cidreira ou um chope. Se não chegarmos a um acordo, imaginamos outras opções: almoço vegano com vinho ou chope... Cada um escolhe e a relação prossegue, engrandecida pelo respeito às diversas formas de vida.

Em um texto em que tece comentários a propósito de *Discurso da Servidão Voluntária*, de Étienne de La Boétie, Marilena Chauí intitula seu ensaio: "Amizade, recusa do servir". Acho genial esse título, pois faz vislumbrar uma dimensão política da amizade. Amigos e amigas possuem autonomia (auto *nomos*), inventam a "norma" que acharem mais apropriada no espaço vital das diversas amizades. Na mediação, também cada mediador(a) acaba por criar um *modus operandi* diverso para o exercício de sua prática para cada nova sessão que vivencia...

Nesse sentido, o livro *Mediação: diálogos com a nova ordem – ODR* apresenta 11 artigos que encaram o desafio de "pensar a mediação" no mundo após 11 de março de 2020, data em que a OMS declarou a Covid-19 como uma pandemia global. Os mais diversos profissionais do Direito tiveram – literalmente do dia para a noite – de transformar seu modo de atuação do presencial para o digital, mudança que não foi uma escolha, mas uma imposição. No momento em que escrevo este Prefácio (final de 2021), quando estamos assistindo a um processo de "minimização" do isolamento social, julgo ser mais do que adequado dedicarmos parte de nosso tempo a fim de: parar para pensar.

Esta é a principal qualidade dessa obra: nos faz pensar... Sugiro a você, leitor(a), que desligue o celular e leia este livro permitindo-se ponderar qual a razão que o levou a se interessar por ele.

Essa atitude de questionamento é importante. Pois foi essa "pausa cognitiva" que os diversos autores e autoras fizeram para escrever seus artigos. Todos respeitaram a sua singularidade profissional e produziram uma obra que forma um luminoso caleidoscópio de reflexões a propósito do verbo "mediar".

Um dos primeiros artigos mostra a prevalência da comunicação verbal no modo ODR de mediar. Outros artigos abordam: relações de consumo, a resolução nº 125/2010 do CNJ, o desafio da adaptação da advocacia à vida pandêmica confinada.

O último artigo aborda a ferramenta do silêncio. E, antes de fazer uso dessa fundamental ferramenta, quero dizer que, para mim, a comunicação verbal e o silêncio conjugam-se – de forma inusitada – no modo ODR de mediar. Dito de outro modo, falamos e calamos. O quanto devemos falar e o que é apropriado calar.

Esse é um dos temas centrais das ODRs, que o presente livro aborda com maestria. Permito-me a partir de agora exercitar a sagrada prática do silêncio para dar a você, leitor(a), a oportunidade de saborear esta obra mais do que oportuna.

Guilherme Assis de Almeida
Professor Associado da Faculdade de Direito da Universidade de São Paulo e autor do livro *Mediação e o reconhecimento da pessoa*

APRESENTAÇÃO

A mediação e a conciliação são métodos para solução de conflitos, previstas, na legislação pátria, como alternativas à litigiosidade expandida experimentada no mundo jurídico.

Dentre os ambientes em que se operam esses métodos, sobressai, a partir de nossa vivência do isolamento social, o virtual, denominado on-line, ao qual repentinamente, fomos lançados por conta da pandemia de Covid-19.

Acostumados a comparecer pessoalmente aos fóruns dos tribunais, fomos apresentados a um mundo diverso, na qual o uso da tecnologia se impôs, cabendo o desafio de incorporar as técnicas e os princípios da mediação a esse novo ambiente, por muitos desconhecido.

Considerando esse contexto, a presente obra reúne alguns textos publicados por mediadores privados e do Tribunal de Justiça de São Paulo, abordando a vivência da mediação no ambiente virtual nos tempos de pandemia. Trata-se de uma coletânea de artigos que refletem sobre a inserção dos mediadores no ambiente da ODR (do inglês, *online dispute resolution*) e seus desdobramentos técnicos e éticos, além de trazer as impressões pessoais dos mediadores que, abruptamente, foram retirados do ambiente solene dos tribunais, para o desconhecido ambiente virtual.

A coletânea apresenta uma descrição do ambiente das ODRs, sugerindo uma nova forma de atuação, não só aos mediadores, como aos advogados, figuras da maior relevância no ambiente da mediação.

Nesta linha, traz impressões sobre a necessidade de uma revisão na formação e na atuação dos envolvidos no processo, destacando os aspectos éticos, aos quais a obra pretende conferir relevância especial. Assim, se debruça sobre alguns aspectos filosóficos e sua aplicação na atuação do profissional operador do Direito, no ambiente virtual da mediação.

Finalmente, discorre sobre certos incômodos trazidos pelo novo modelo de atuação – ao qual todos foram repentinamente alçados, por conta do isolamento social –, no intuito de encontrar respostas éticas para o exercício da atividade de mediar. Respostas que considerem o novo contexto que se impôs, sem perder de vista o objetivo da atividade, que é a busca da pacificação das relações humanas.

O principal escopo da presente obra é contribuir com o debate sobre iniciativas que busquem incentivar a prática da solução negociada dos conflitos, a partir da reflexão de autores que acumularam um pouco de experiência nesse ambiente.

Os estudos pretendem, portanto, ofertar caminhos para a resolução dos conflitos e a atuação dos envolvidos nos processos de conciliação e mediação, ao mesmo passo que os textos são compilados de modo a mostrar a evolução da atuação em uma linha do tempo, evidenciando a evolução da formação dos conceitos de acordo com a prática experimentada.

A obra, portanto, é de grande relevância para advogados e mediadores, trazendo um histórico da evolução da prestação jurisdicional, reflexões sobre os tempos atuais e a atuação no ambiente virtual, que será cada vez mais adotada nas mediações do Judiciário e nas Câmaras Privadas de Mediação.

AS ODRs COMO OPORTUNIDADE DE INSERÇÃO DOS ADVOGADOS NOS MÉTODOS ADEQUADOS DE SOLUÇÃO DE CONFLITOS

Helena Ribeiro Tannus de Andrade Ribeiro e João Augusto Favery de Andrade Ribeiro

No início de 2020, o mundo foi surpreendido por uma pandemia sem precedentes, que alterou as relações humanas de tal modo que nos fará repensar a nossa própria existência.

O que se sabe, ao certo, e que influenciará as futuras aspirações humanas, refere-se aos conceitos de liberdade, solidariedade e preservação da espécie, que integrarão necessário equilíbrio. Dia a dia, lembraremos dessa terrível fase, quando nos depararmos com o conflito.

Mas, como se diz há muito, conflito sempre remete a oportunidade. E os conflitos estarão mais latentes, diante da obrigatoriedade do ser humano de conviver com o outro.

Essa oportunidade se traduziu em uma modificação das relações, antes tão conturbadas e impossíveis de se realizarem de modo simétrico, diante da dificuldade em compatibilizar agendas e horários entre as partes que necessitavam de uma solução para seu conflito.

O que se verificou, paradoxalmente, foram casos reportados de reuniões feitas nesse período que, em situação normal, seriam impossíveis de sequer se cogitar.

As pessoas, confinadas em seus lares, descobriram a necessidade de se comunicar com mais efetividade, para solucionar seus conflitos de antes e que virão, certamente após essa atribulada fase.

Muito se tem dito sobre as dificuldades econômicas que advirão do isolamento social, as repercussões nas relações familiares, as relações de trabalho, a troca de mercadorias, a circulação da riqueza, e tudo isso é pintado como um futuro sombrio que poderá trazer uma 'pandemia de conflitos'.

Mas, como dito, estamos descobrindo que as mídias sociais e a tecnologia, enfim, poderão ser usadas para o bem e em larga escala. Afinal, trabalhos vêm sendo feitos em *home working*, escritórios e consultórios têm utilizado as mídias sociais para se comunicar com seus públicos e com mais eficiência, vendas on-line têm sido bem-sucedidas, empresas de entrega têm crescido e, mais importante, redes de solidariedade vêm se multiplicando.

Vê-se que as pessoas estão, enfim, assumindo sua responsabilidade familiar e social. Mas os conflitos continuarão a existir e a necessidade de uma maior estruturação da advocacia e da mediação e arbitragem parece imprescindível.

Em sua configuração atual, o Judiciário, que vem sendo eleito como o único sítio para a solução dos conflitos, deverá atender, prontamente, essa demanda que estará por vir, e a advocacia pode ser a parceria desejada.

A ideia de um pacto social definitivo, diante da polarização verificada nos últimos tempos, também não parece se vislumbrar como solução célere, razão pela qual os métodos adequados de solução dos conflitos ganharão fundamental protagonismo nessa fase que, em breve, estaremos experimentando.

Mas, novamente, socorrer-se da estrutura judicial, para a aplicação desses métodos, parece mais viável com sua aplicação aliada aos meios eletrônicos e disponíveis nas redes sociais.

1- As ODRs em tempo de reconstrução

Disso emerge a possibilidade de se incrementarem as plataformas digitais como ferramentas das denominadas ODRs, no Brasil.

As ODRs são meios de solução de disputas realizadas on-line, portanto, por meios eletrônicos. São plataformas digitais de solução de conflitos ou um modelo de negócio que permite e estimula a interação entre duas partes ou usuários para solucionar problemas comuns. É um meio tecnológico de solução de conflitos definido nas legislações do Conselho Nacional de Justiça e nas normas procedimentais do Código de Processo Civil.

O processo vem se modernizando com o tempo, aproveitando-se dos meios eletrônicos, de modo a facilitar a produção da prova. Já há muito foram inseridos nas disposições legais meios eletrônicos como a videoconferência.

Por que não para a conciliação e a mediação? Confessamos que éramos um tanto avessos a esse meio de comunicação pela ausência do que se denomina 'olho no olho', tão necessário para a comunicação, mas, no ano de 2007, na sede do Tribunal Regional Federal, pudemos participar de uma experiência de conciliação eletrônica em processos envolvendo mutirão do Sistema Financeiro da Habitação, e os resultados foram muito satisfatórios.

Imagine-se, portanto, que, havendo um conflito de interesses, as partes possam acionar um local na internet e promover o encontro assistido por um terceiro imparcial, de modo a solucionar esse conflito.

O inciso X, do art. 6º, da Resolução nº 125/2010, do CNJ, em sua Emenda nº 2, criou um Sistema de Mediação e Conciliação <u>Digital ou a distância para atuação pré-processual</u> de conflitos, havendo adesão formal de cada Tribunal de Justiça ou Tribunal Regional Federal, para atuação em demandas em curso, nos termos do art. 334, § 7º, do Novo Código de Processo Civil e do art. 46 da Lei de Mediação.

Igualmente, a Lei de Mediação prevê a mediação via internet ou outro meio de comunicação que permita a transação a distância.

O Código de Processo Civil estatui esse meio nos artigos 193 a 198. Aliás, não somente nesse artigo, mas em todo o ordenamento, há indicação do respeito à Constituição Federal e da preferência do legislador aos métodos adequados de solução de conflitos, além de estar ressaltado o dever de colaboração de todos os sujeitos do processo.

2- As ODRs no Brasil e América Latina

Embora não seja um meio novo no Brasil, sua aplicação não vem sendo muito difundida na parcela mais necessitada da sociedade, diferentemente do que ocorre em nossa vizinha Argentina, na qual a denominada MEL (*mediación en línea*) vem sendo aplicada em larga escala, tendo por objetivo a redução da agitação social da região denominada CABA (cidade autônoma de Buenos Aires), aplicando-se aos conflitos de posse, família e vizinhança.

No Brasil, a ODR tem sido aplicada, com mais intensidade, nos conflitos de relação de consumo, sendo mais acionados aqueles locais ligados às instituições governamentais (Consumidor.gov, CNJ).

Mas o mercado jurídico, com auxílio das denominadas *startups*, vem ofertando soluções para a resolução on-line de conflitos, contando, atualmente, com cerca de 25 empresas com essa configuração.

Paralelamente, há uma grande preocupação da Ordem dos Advogados em inserir os operadores do Direito nos métodos adequados de solução de conflitos, desde a formação profissional e acadêmica.

Kazuo Watanabe[1] apontava a acanhada percepção das faculdades de Di-

---
1. WATANABE, Kazuo. A política judiciária nacional de tratamento adequado dos conflitos de interesse, *In: Estudos Avançados de Mediação e Arbitragem*. Rio de Janeiro: Elsevier, 2013.

reito sobre a importância dos meios alternativos de solução de conflitos, nas suas grades de ensino.

De fato, o estudante de Direito era mais treinado a ser combativo de que especialista na solução dos conflitos, ainda que o Regulamento da Ordem dos Advogados impusesse o dever de conciliar.

3- As ODRs e a mudança

O Judiciário mudou. Ele vem se modernizando como forma de dar uma resposta aos clamores de justiça, adequando sua estrutura aos cerca de 100.000.000 de processos com que uma litigiosidade expandida o abarrotou.

O processo se tornou eletrônico. O grande temor dos antigos profissionais do Direito se tornou uma facilidade de trabalho. Hoje, não se torna mais necessário percorrer quilômetros para verificar os autos de um processo nos balcões de cartórios lotados. Com um comando no computador, tem-se o processo inteiro ao dispor.

Não se corre mais para chegar ao protocolo e enfrentar gigantesca fila para protocolizar uma petição. O processo, por isso, é mais célere.

4- O advogado nas ODRs

Mas o advogado, operador do Direito que é, permanece arredio aos métodos adequados de solução de conflitos, nada obstante as universidades terem incluído essa disciplina em suas grades curriculares.

Grande parte dos advogados ainda não confia nesses métodos de solução dos conflitos, talvez cogitando da inexistência de coercitividade estatal.

Todavia, a percepção da facilidade que esses métodos de solução dos conflitos têm trazido à sociedade deve ser objeto de impulsos da própria

Ordem dos Advogados, que pretende se fazer presente na consecução de soluções alternativas ao Poder Judiciário, ao qual caberiam as questões de extrema complexidade.

As figuras do advogado facilitador ou colaborativo vêm se tornando cada vez mais necessárias para a construção da pacificação social e a assunção da responsabilidade de cada um, decorrente do empoderamento das partes.

São elas que devem decidir seus conflitos, amparadas pela percepção de seus efetivos interesses, a partir da construção de informações sobre seus direitos e deveres.

A figura de um mediador, terceiro facilitador que estabelece com as partes uma relação de credibilidade e propicia, por meio de técnicas e ferramentas, a percepção do conflito e o restabelecimento da comunicação, de modo a compatibilizar as necessidades das partes, em momento algum prescinde do conhecimento técnico do advogado, tampouco de suas habilidades de negociação colaborativa.

Afinal, é firme a disposição do Código Processual Civil no sentido de exigir a cooperação entre si dos sujeitos do processo.

Processo, diga-se, não significa a judicialização do conflito. Quando se diz do devido processo legal, não se estão afastando os métodos adequados de solução de conflitos, pois que a mediação e a conciliação são meios de distribuição da justiça.

5- As *startups* e as ODRs

Atentas a essas mudanças de paradigma, têm surgido várias empresas na iniciativa privada que visam ofertar às partes alternativas à judicialização dos conflitos.

São as *startups* que aplicam a ODR trazendo uma nova perspectiva de solução adequada do conflito. Podemos dizer, da lição de Camila Rosa e Mayara Guibor Spaler[2], que o acesso se inicia via **chat** (por escrito: SAC, Fale Conosco, conversa direta), por meio de **videoconferência** (WhatsApp, Facetime, Skype, Zoom...) e por meio de **inteligência tática**: plataforma de análises e compilação de dados – Analytics e Jurimetria – e gestão de escritórios de advocacia.

Também, podem se classificar conforme o grau de independência, ou seja, podem ser independentes – as partes chegam a uma conclusão sem a necessidade de um terceiro; parcialmente independentes – terceiro sem conhecimento técnico na área, auxiliando as partes em relação às formas de solução do conflito, tal como na mediação; totalmente dependente – terceiro com conhecimento técnico que resolve o conflito, tal como na arbitragem; e escalonado, que combina os pontos anteriores.

A acessibilidade pode ser universal (sem *download* do programa), privada (com necessidade de instalação do aplicativo) ou mista (tanto por navegador como por aplicativo, dependendo do interesse do usuário).

O acesso pode ser assíncrono (quando independe da presença de todas as partes), síncrono (quando requer a presença de todos os envolvidos) ou misto; sendo reativo quando o contratante inicia o processo, proativo quando a parte contratada inicia o processo ou misto quando qualquer das partes inicia o processo.

E a forma de resposta pode ser assistida (quando exige uma pessoa que elabora a resposta para o conflito), automatizada (quando as respostas são elaboradas pelo sistema de acordo com os dados, sem necessidade de interferência humana) ou mista (ambas as formas anteriores).

---

2. ROSA, Camila; SPALER, Mayara Guibor. Experiências privadas de ODR no Brasil, *In*: *Revista Jurídica da Escola Superior de Advocacia da OAB-PR*, ano 3- n. 3- dezembro 2018. Disponível em: http://revistajuridica.esa.oabpr.org.br/experiencias-privadas-de-odr-no-brasil/. Acesso em 24 mar.2021.

Já quanto ao poder de execução, pode ser de execução obrigatória (quando há legislação que garante a execução sem recorrer ao Judiciário) e de execução vinculada (quando há a necessidade de ajuizamento de execução, se uma das partes se negar a cumprir o voluntariamente acordado).

Em todo caso, no estado de São Paulo, foi editado o Provimento CSM nº 2.289/2015 que, em seu art. 2º, dispõe que o provedor deverá manter negociadores qualificados para a solução do conflito, observando os princípios da mediação.

6- A atuação do advogado e mediador nas ODRs

Nesse sentido, emergem as figuras do mediador e do advogado e, também, do advogado colaborativo. O mediador é o terceiro desinteressado, neutro, imparcial, que, estabelecendo uma relação de credibilidade, aproxima as partes, mediante técnicas de comunicação e solução de conflitos, aplicando ferramentas que possibilitam a elas entender o conflito e tratá-lo de modo adequado, visando à sua solução.

O advogado é o primeiro juiz da causa, aquele profissional que estabeleceu com a parte uma relação de confiança e confidencialidade e que a auxilia a solucionar o conflito da maneira que lhe é mais favorável.

Diferem o mediador e o advogado, unicamente, pelo aspecto da parcialidade e do interesse na causa. Por isso, ambos estão trabalhando juntos de modo a solucionar o conflito e conferir a solução mais justa às partes.

E, quando se cogita da mediação, como meio de solução adequada de disputas pelos meios on-line, ganham relevo alguns aspectos ligados ao plano ético e técnico desses profissionais.

Será nas ODRs que se exigirá mais empenho do advogado e do mediador no sentido de captar com maior sensibilidade os interesses reais nem sempre manifestos pelas partes. E nesse sentido, aos princípios da mediação e ao plano ético, rigidamente exigidos nesse meio de solução de conflitos, soma-se a percepção, pelos profissionais, dos axiomas da comunicação.

Deverá ser exigida, e são evidentes os motivos, uma especial adaptação à comunicação verbal das partes, à entonação, ao respirar, ao modo como se opera o discurso, ao entendimento da outra parte e de todos os presentes ao ato.

Um cuidado especial com as interrupções das falas, ao controle do comportamento das partes, que se dará remotamente. Um cuidado inicial, mas fundamental, será o estabelecimento do *rapport* – que é a relação de credibilidade do mediador e do advogado com ambas as partes.

7- Caminhos para advocacia

Mais determinante, ainda, a necessidade de o advogado se libertar da combatividade e assumir uma postura de colaboração com a ODR, de modo a auferir os maiores benefícios a ambas as partes, realizando a necessidade de seu cliente.

Disso exsurge a necessidade de formação do advogado para os meios adequados de resolução de conflitos. Mais que isso, o advogado deve ser um especialista em solução de conflitos.

Ele deve conhecer a noção da justiça multiportas, de modo a maximizar a solução de conflitos. Resumidamente, a justiça multiportas, criada por Frank Sander, professor da Universidade de Harvard, nasce da idealização de uma instituição inovadora que direciona os processos de resolução de conflitos para os meios mais adequados, economizando tempo e dinheiro, contribuindo, assim, para o conceito de capital social.

Esse conceito foi idealizado por L.J. Hanifan, um supervisor escolar de

Virgínia que, em 1916, argumentava sobre a necessidade de um maior envolvimento da comunidade no sistema escolar, visando à boa vontade, ao companheirismo e à solidariedade como eixos das relações sociais.

Que época mais propícia que a atual para se investir nesse meio de solução de conflitos? A figura do advogado colaborativo, agindo em conjunto com o mediador, captando as reais necessidades das partes e fazendo o cotejo delas com o ordenamento jurídico, torna-se imprescindível.

Pois que a solução adequada de conflitos, notadamente a mediação e a conciliação, está baseada em princípios que dependem da atuação do advogado.

São eles a autonomia da vontade, o empoderamento, a boa-fé e a decisão informada.

Ora, não há como a parte envolvida no conflito solucioná-lo adequadamente senão entendendo sua efetiva necessidade, agindo com boa-fé, conhecendo seus direitos e as consequências de seus atos, de sua responsabilização, sem a figura do advogado.

Disso decorre que o campo de trabalho do advogado, nessa nova configuração, é infinito. Ele auxiliará as partes a encontrar o método mais adequado para a solução de seu conflito; auxiliará as partes quando escolherem o método; auxiliará no entendimento do conflito; trará a informação necessária para se escolher o melhor meio e, nele inserido, a melhor forma de contribuir para se obter uma solução justa para ambas as partes.

Ainda mais em um ato informal em que impera a oralidade.

O advogado poderá trabalhar em *startups* que analisem eventual sucesso em demandas (inteligência tática). Ou na formulação de atendimento e respostas em *chats*, de modo a humanizar esse meio de resposta às demandas.

Mais do que um meio novo e atrativo para o momento, as ODRs são um caminho para o desenvolvimento da advocacia, como instituição indispensável à administração da justiça.

Algumas dessas *startups* criam uma espécie de banco de dados de advogados, de acordo com seu serviço. Ou seja, mostra-se uma nova forma de trazer o advogado ao mercado de trabalho.

Um ponto muito importante refere-se à prestação de serviços aos mais necessitados. A lei definiu a Defensoria Pública como amparo a essa camada da população, mas há um limite financeiro para possibilitar esse atendimento.

Então, uma grande parcela não pode ser atendida pela Defensoria e ela nem sempre consegue arcar com os custos do processo. Tem-se verificado, nas conciliações e mediações, nas instâncias inferiores e na conciliação pré-processual, a ausência de advogado auxiliando uma das partes.

Ora, isso não será difícil de ocorrer nas ODRs. Mais uma vez, os tempos atuais criam uma oportunidade para a Ordem dos Advogados dar uma resposta a essa camada da população, ou a todas elas, mediante convênio com a Defensoria Pública, para os assistidos e, ainda, criando um banco de dados de advogados colaboradores para indicação ou escolha pelas partes envolvidas nas ODRs.

Anualmente, a ordem edita chamado para atuação na assistência judiciária, mas na parte contenciosa. Poder-se-ia fazer uma chamada para a atuação na mediação e conciliação aproveitando as ODRs, possibilitando, também, o respeito ao artigo 133 da Constituição Federal e disposições do Conselho da Ordem, no sentido de exigência de advogado nesses meios de solução de conflitos.

8- Conclusão

Concluímos tratar-se de uma solução para o engajamento dos advogados nesses meios adequados de solução de conflitos, notadamente a mediação e conciliação, trazendo novas perspectivas para os novos profissionais e, também, para aqueles que já percorreram longo caminho e podem vislumbrar novos horizontes.

A ESA (Escola Superior da Advocacia) pode promover cursos especiais para novos advogados, inserindo-os nos meios adequados para solução do conflito, seja por meio da assistência judiciária ou de um cadastro eletrônico a ser fornecido às *startups*, para que eles acompanhem as partes nas ODRs.

Em momento algum, haverá o afastamento do advogado da sempre elogiada combatividade, que, aliás, nunca significou beligerância, mas um cuidado especial do profissional com a justiça.

AS ODRs E A ADAPTAÇÃO DA ADVOCACIA AOS NOVOS TEMPOS

Helena Ribeiro Tannus de Andrade Ribeiro e João Augusto Favery de Andrade Ribeiro

1- Panorama

A pandemia que eclodiu no início de 2020 exigiu nossa adaptação aos novos paradigmas sociais, notadamente a solução dos conflitos dela decorrentes. Na advocacia, não foi e não será diferente.

Legislações diversas vêm testando soluções mais adequadas para a adaptação da solução dos conflitos ora gerados e os que nascerão da dificuldade de abordagem do novo.

Os métodos adequados de solução de conflitos – ADRs (*alternative dispute resolutions*) –, que são regidos, dentre outros princípios, pela oralidade necessitam da reunião dos participantes das relações para se perfectibilizarem.

As ADRs são, mais que tudo, meio de distribuição de justiça e essa é a finalidade que se busca para que não se paralisem tais atividades.

E como fazê-lo com a restrição de locomoção e de reunião de pessoas em locais físicos, senão por meio dos métodos virtuais e das ODRs?

Charles Darwin (*A Origem das Espécies*,1859) já ponderava que

> os organismos melhor adaptados ao meio têm maiores chances de sobrevivência do que os menos adaptados, deixando um número maior de descendentes. Os organismos mais bem adaptados são, portanto, selecionados para aquele ambiente.

2- As ODRs

As ODRs (*online dispute resolutions*) são meios adequados de solução de disputas realizadas on-line; portanto, por meios eletrônicos. São plataformas digitais de solução de conflitos ou um modelo de negócio que permite e estimula a interação entre duas partes ou usuários para solucionar problemas comuns. São um meio tecnológico de solução de conflitos definido nas legislações do Conselho Nacional de Justiça e nas normas procedimentais do Código de Processo Civil.

Sobre esse tema, remetemos a artigo que publicamos em 2020[3] e ao brilhante trabalho das advogadas Camila Rosa e Mayara Guibor Spaler, publicado na *Revista Jurídica da Escola Superior de Advocacia da OAB-PR* em dezembro de 2018[4].

As ODRs são, portanto, o meio adequado de solução de conflitos em ambiente virtual, como se faz necessário em tempos de isolamento social.

O processo vem se modernizando com o tempo, aproveitando-se dos meios eletrônicos de modo a facilitar a produção da prova. Já há muito, foram inseridos nas disposições legais meios eletrônicos como a videoconferência, dentre outros.

Anota-se a preocupação mundial com o tema, já que, em 2015, foi adotada uma nova agenda de desenvolvimento sustentável para se atingir um acordo global sobre a mudança climática.

3- As ODRs e a legislação

Dessas ações tomadas em 2015 resultaram os Novos Objetivos de De-

---

[3]. Disponível em: https://joaofavery.jusbrasil.com.br/artigos/829940009/as-odrs-como-oportunidade-de-insercao-dos-advogados-nos-metodos-adequados-de-solucao-de-conflitos?ref=serp. Acesso em 12 jul.2021.

[4]. Disponível em: http://revistajuridica.esa.oabpr.org.br/experiencias-privadas-de-odr-no-brasil/. Acesso em 12 jul.2021.

senvolvimento Sustentável (ODS), dos quais se destaca a ODS 16[5], que tem por escopo promover sociedades pacíficas e inclusivas, proporcionando a todos o acesso à justiça, construindo instituições eficazes, responsáveis e inclusivas em todos os níveis.

Atento a esse prisma, o Conselho Nacional de Justiça – CNJ, que havia editado a Resolução nº 313/2020[6], privilegiando a segurança física dos jurisdicionados, magistrados e funcionários, houve por bem editar a Resolução nº 314/2020[7], que traz uma maior percepção da importância da solução dos conflitos, adotando a forma virtual para as reuniões entre partes, procuradores e mediadores.

Essa previsão, aliás, sempre constou da legislação atinente aos meios consensuais de solução de conflitos, como a Resolução nº 125/2010, do CNJ[8], que, a partir da Emenda nº 2, criou o Sistema de Mediação Digital para a resolução pré-processual de disputas e, havendo interesse de cada Tribunal, para atuação consensual de demandas judiciais em curso, tendo como principal foco as áreas de seguros, consumo e execuções fiscais.

O Código de Processo Civil, nos artigos 193 a 198, prevê o acesso digital à justiça.

A Lei de Mediação prevê, no art. 46, que a mediação poderá ser feita pela internet ou por outro meio de comunicação que permita a transação à distância, desde que as partes estejam de acordo.

Ainda assim, há um cuidado com a saúde, evidenciado a partir da pandemia.

---

5. Disponível em: https://nacoesunidas.org/pos2015/ods16/. Acesso em 12 jul.2021.
6. Disponível em: https://www.cnj.jus.br/wp-content/uploads/2020/03/Resolu%C3%A7%C3%A3o-n%-C2%BA-313-5.pdf. Acesso em 12 jul.2021.
7. Disponível em: https://www.cnj.jus.br/wp-ontent/uploads/2020/04/Resolu%C3%A7%C3%A3o-n%-C2%BA-314.pdf. Acesso em 12 jul.2021.
8. Disponível em: https://atos.cnj.jus.br/atos/detalhar/atos-normativos?documento=156. Acesso em 12 jul.2021.

A Resolução nº 314, do CNJ, por isso, estipula que as partes adotem a forma virtual de solução dos conflitos nos juizados especiais, ressalvando, no parágrafo segundo do art. 3º, que os atos processuais que eventualmente não puderem ser praticados pelo meio eletrônico ou virtual, por absoluta impossibilidade técnica ou prática a ser apontada por qualquer dos envolvidos no ato, devidamente justificada nos autos, deverão ser adiados e certificados pela serventia, após decisão fundamentada do magistrado.

Preservam-se, portanto, a voluntariedade e a situação de cada parte ou patrono, que não estão obrigados a aderir a esse método virtual.

4- As medidas de isolamento e as ODRs

Por meio do Comunicado CG Nº 284/2020[9], a Corregedoria Geral da Justiça, considerando as restrições de acesso de pessoas aos prédios dos fóruns em virtude da pandemia de Covid-19, comunicou aos magistrados e servidores orientações para a realização de audiências virtuais.

Dispõe a norma que, mediante prévia concordância das partes e do Ministério Público, enquanto custos *legis*, as audiências poderão se realizar por videoconferência, a critério do magistrado responsável, usando a ferramenta Microsoft Teams (que não precisa estar instalada no computador das partes, advogados e testemunhas), via computador ou *smartphone*, sendo vedada a atribuição de responsabilidade aos advogados e procuradores de providenciarem o comparecimento de partes e testemunhas a qualquer localidade.

Na mesma linha, a OAB, atenta à situação das partes e dos advogados, publicou o Comunicado nº 99/2020[10], chamando a atenção para a situação

---

9. Disponível em: https://www.tjsp.jus.br/Download/Portal/Coronavirus/Comunicados/Comunicado_CG_N284-2020.pdf. Acesso em 12 jul.2021.
10. Disponível em: http://www.oabsp.org.br/of-gp-99-comunicado-no-284-2020-orientacoes-para-a-realizacao-de-audiencias-virtuais.pdf/view. Acesso em 12 jul.2021.

socioeconômica não somente de grande parte da população, como, também, dos advogados, além de ressaltar os aspectos sanitários.

Cabe apontar que a norma editada pela Justiça não obriga ao comparecimento. Tampouco, o artigo 334 do CPC obriga, bastando que a parte informe na inicial que não tem condições de conciliar.

Remete-se, ainda, ao parágrafo segundo, do art. 3º, da Resolução nº 314, do CNJ.

Vale argumentar que, justamente em momentos como o da pandemia, o advogado, inserido nesse grupo de proteção contido no Comunicado nº 99/2020 da OAB, necessita obter ganhos mais céleres, que a mediação e a conciliação podem trazer. Se ela se faz on-line, talvez seja esse o caminho.

A Justiça do Trabalho de São Paulo (TRT-2) referendou, em 04/05/2020, o primeiro acordo realizado no Núcleo Permanente de Métodos Consensuais de Solução de Disputas em Conflitos Coletivos (Nupemec-Coletivo) relacionado à crise pandêmica da Covid-19[11].

A conciliação ocorreu entre o Sindicato do Trabalhadores de Transporte de Santos e a empresa de transportes, que trataram dos termos do acordo durante duas reuniões realizadas por videoconferência e mediadas pelo juiz do trabalho Edilson Soares de Lima, auxiliar da Vice-Presidência Judicial do TRT-2.

A primeira reunião fora realizada no dia 29 de abril de 2020, também pelo sistema de videoconferência, quando a empresa ficou de apresentar proposta até o dia seguinte.

O Tribunal de Justiça de São Paulo promoveu adaptações iniciando as mediações e conciliações on-line.

---

11. Disponível em: https://ww2.trt2.jus.br/noticias//noticias/noticia/news/nupemec-coletivo-realiza-primeiro-acordo-por-videoconferencia-relacionado-a-pandemia-da-covid-19/?tx_news_pi1%5Bcontroller%5D=News&tx_news_pi1%5Baction%5D=detail&cHash=d98743ca188ebe9ec18078b18b66cd63. Acesso em 12 jul.2021.

As medidas de segurança e as observações contidas no pertinente Comunicado OAB-GP nº 99/2020 foram e devem ser minudentemente seguidas, quer no âmbito público, quer no âmbito privado, e a segurança, saúde e voluntariedade das partes são cláusulas pétreas, pois que previstas no artigo 5º, da Constituição Federal e nos princípios básicos dos meios adequados de solução dos conflitos (Resolução nº 125/2010, CNJ, Lei de Mediação e Código de Processo Civil).

Quanto ao fato de haver menção à gravação das audiências, no Comunicado CG nº 284/2020, da Corregedoria Geral da Justiça, há que se notar que ela somente se dá no início da sessão (note-se: sessão, e não audiência) e ao final para colher as assinaturas, sendo o restante da sessão regido pelo sigilo e confidencialidade.

E em vista do princípio da voluntariedade, a parte poderá concordar ou não com a sessão de mediação.

Aliás, o respeito a esses princípios, além da boa-fé, está no Código de Ética da Advocacia, o que impede que eventual gravação, quer pelo Tribunal ou mesmo pelas partes, seja levada ao processo ou utilizada por outros meios.

Respeitadas essas condições, é o momento de se incrementarem as plataformas digitais como ferramentas das denominadas ODRs, no Brasil.

5- O advogado e as ODRs

O advogado, como operador do Direito que é, se vê obrigado a uma adaptação para que propicie às partes obter a justiça, podendo contar com o auxílio da própria Ordem dos Advogados, seja nas sessões virtuais nos juízos e juizados ou nas câmaras privadas alternativas ao Poder Judiciário, com o aparelhamento dos escritórios e cursos por meio da Escola Superior da Advocacia – ESA.

Seria possível até cogitar que a OAB estabelecesse um convênio com as várias empresas na iniciativa privada que visam ofertar as partes alternativas à judicialização dos conflitos. Há impedimento legal para isso?

Ou, até mesmo, a OAB ser um órgão catalisador de *startups*, mantendo um cadastro de câmaras e advogados habilitados a defender os interesses das partes nessas câmaras privadas e no Judiciário, de modo a criar um clima ainda maior de segurança.

Um exame no *site* da OAB mostra que existe um campo denominado Balcão de Vagas, onde as empresas e advogados se inscrevem para obter e prestar serviços. Basta incrementar esse serviço anunciando advogados para mediação on-line.

Em havendo essa possibilidade, poder-se-ia pensar na atuação virtual por meio de uma plataforma ou até mesmo de uma *startup* que aplicasse a ODR, trazendo uma nova perspectiva de solução adequada do conflito? Ao que parece, pode-se até cogitar que o balcão de vagas seja uma pequena *startup*.

Nesse sentido, emerge a necessidade de se promover a formação do advogado para atuar virtualmente e, também, reforçando a figura do advogado colaborativo.

Para tanto, seria de se cogitar da OAB fornecer aos advogados meios de adaptação aos ambientes virtuais, o que já se dera quando da implantação dos processos eletrônicos. Pois que, ao se tratar da mediação, como meio de solução adequada de disputas on-line, devem se redobrar alguns aspectos ligados ao plano ético e técnico desses profissionais.

6- Diferenças e atuação nas ODRs

A mediação on-line possui algumas diferenças quanto à presencial. Um exemplo: na mediação on-line existe o denominado *delay* – que é um efeito acústico e uma unidade de efeitos que grava um sinal de entrada em um meio de armazenamento e, em seguida, o reproduz após um período de tempo. O sinal atrasado pode ser reproduzido várias vezes ou reproduzido novamente na gravação, para criar o som de um eco repetitivo e decadente.

Portanto, na mediação virtual se exigirá mais empenho do advogado e do mediador no sentido de captar com maior sensibilidade os interesses reais das partes, de administrar o tempo e as reações de cada um.

Não é demais lembrar que, dentre os axiomas da comunicação, três deles devem ser percebidos com mais atenção pelo advogado e pelo mediador:

1. Toda comunicação tem um aspecto de conteúdo e um aspecto de relação. Isto significa que toda comunicação tem, além do significado das palavras, mais informações. Essas informações são a forma de o comunicador dar a entender a relação que tem com o receptor da informação;

2. A natureza de uma relação está dependente da pontuação das sequências comunicacionais entre os comunicantes. Tanto o emissor como o receptor da comunicação estruturam essa comunicação de forma diferente, e dessa forma interpretam o seu próprio comportamento durante a comunicação dependendo da reação do outro;

3. Os seres humanos comunicam de forma digital e analógica. Para além das próprias palavras, e do que é dito (comunicação digital), a forma como é dito (a linguagem corporal, a gestão dos silêncios, as onomatopeias) também desempenha um papel de enorme importância – comunicação analógica.

O advogado deve ter em sua formação, para a atuação na mediação virtual ou ODRs, essa percepção, com um cuidado especial com as interrupções das falas, em vista desse atraso que ocorre a todo tempo.

Todos esses aspectos demonstram a necessidade de adaptação da advocacia de modo a formar o advogado para os meios adequados de resolução de disputas como um profissional colaborador e responsável na solução desses conflitos.

Reforça-se que o advogado pode ser formado para se adaptar a esse novo ambiente das ODRs que, ao que parece, será constantemente utilizado no Judiciário, já o sendo nas câmaras privadas.

E é nesse ponto que se pretende fazer uma reflexão a luz das excelentes ponderações da OAB, no Comunicado GP n° 99/2020.

Em primeiro lugar, há que se ponderar que a Constituição Federal[12], em seu preâmbulo, assim dispôs:

> Nós, representantes do povo brasileiro, reunidos em Assembleia Nacional Constituinte, para instituir um Estado Democrático, destinado a assegurar o exercício dos direitos sociais e individuais, a liberdade, a segurança, o bem-estar, o desenvolvimento, a igualdade e a justiça como valores supremos de uma sociedade fraterna, pluralista e sem preconceitos, fundada na harmonia social e comprometida, na ordem interna e internacional, com a solução pacífica das controvérsias, promulgamos, sob a proteção de Deus, a seguinte Constituição da República Federativa do Brasil.

O artigo 1º do CPC[13] estatui o respeito a Constituição Federal como premissa básica de todos os atos processuais.

O artigo 6º, também do CPC, estabeleceu o princípio da cooperação, segundo o qual todos os sujeitos do processo devem cooperar entre si para que se obtenha, em tempo razoável, decisão de mérito justa e efetiva.

---

12. Disponível em: http://www.planalto.gov.br/ccivil_03/constituicao/constituicao.htm. Acesso em 12 jul.2021.
13. Disponível em: http://www.planalto.gov.br/ccivil_03/_ato2015-2018/2015/lei/l13105.htm. Acesso em 12 jul.2021.

É um desdobramento de princípios da boa-fé e lealdade processual.

Esse princípio da cooperação, primordial para uma solução justa, deverá ser ainda mais observado nas sessões virtuais.

O art. 198 dispõe que as unidades do Poder Judiciário deverão manter, gratuitamente, à disposição dos interessados, equipamentos necessários à prática de atos processuais e à consulta e ao acesso ao sistema e aos documentos dele constantes.

Uma grande inovação do CPC de 2015 foi a criação de uma modalidade de procedimento, que deriva dos negócios jurídicos processuais, por convenção das partes, de modo bilateral e no plano contratual, ou, ainda, de acordo das partes, celebrado em juízo e de maneira mais complexa, para estabelecer o procedimento, no âmbito endoprocessual.

Cabe aqui reforçar que devido processo legal não é somente aquele previsto no processo judicial propriamente dito, mas o processo que está conforme o Direito.

Dentre as várias regras que disciplinam o negócio processual no novo código, merece destaque aquela contemplada em seu art. 190. De acordo com esse dispositivo, se o processo versar sobre direitos que admitam autocomposição, as partes poderão, desde que capazes em sua plenitude, estipular mudanças no procedimento para ajustá-lo às especificidades da demanda, isto é, àquilo que de especial e, portanto, merecedor de destaque exista na questão de direito material a ser veiculada no processo.

Assim, a solução do processo por meio das ODRs pode ser ajustada com ou sem processo instaurado, durante e após o processo judicializado.

O grande receio em relação a esse método, que se refere à segurança jurídica, não encontra respaldo na medida em que as soluções encontradas pelas partes no ambiente judiciário se traduzem em título executivo judicial e, nas câmaras privadas, em títulos executivos extrajudiciais, possibilitando, ainda, que as partes acionem o Judiciário, seja por pleito comum ou na justiça expressa, dotando o título de força executiva judicial.

Tudo isso foi trazido para cogitar da plena possibilidade de um grande entendimento entre OAB e Judiciário, no sentido de se promover a justiça virtual, por meio das ODRs e da consequente formação dos advogados nos novos métodos de solução de conflitos, diante das exigências e responsabilidades advindas da pandemia e do que virá a seguir no mercado de trabalho, de consumo e das relações familiares.

Pois que, para a atuação nesse meio virtual, requer técnicas diversas que o advogado deve entender: deve saber avaliar se a mediação (dentro do chamado tribunal multiportas) é a adequada para solucionar aquele conflito; deve saber escolher o mediador adequado; deve saber o papel do mediador; deve saber preparar o cliente para a mediação virtual; deve saber escolher a melhor estratégia de abordagem do conflito e deve conhecer as técnicas de negociação.

Nesse sentido, a OAB vem, há muito trazendo tais informações aos advogados, como se verifica do Manual de Mediação da OAB[14].

A essas informações, soma-se o conhecimento de informática, que também pode ser adquirido, mediante cursos e práticas virtuais.

Afinal, nestes últimos tempos, inúmeras vezes temos visto chamadas para reuniões jurídicas on-line, em espaços (plataformas) como Facebook, Zoom, Microsoft Teams, Google e outros.

Artistas têm feito as chamadas *lives*, filmes são disponibilizados em plataformas de *streaming*, as pessoas se falam e se veem via WhatsApp.

Mas se diz que o advogado trata de pessoas. Os médicos também. E as

---

14. Disponível em: file:///C:/Users/faver/Desktop/manual%20mediacao-%20oab.pdf. Acesso em 12 jul.2021.

consultas médicas vem sendo realizadas de modo virtual. E, como diria André Gomma Azevedo[15], "a mediação é um hospital de relações".

De acordo com estudos da SmartCommerce, 40% das pessoas fizeram sua primeira compra on-line a partir de março de 2020, conforme artigo "Cinco tendências de consumo pós-Covid-19"[16], que pontifica: "As pessoas são forçadas a fazer coisas novas e isso vai acelerar a transformação digital".

A OAB aponta com justificável preocupação que receia o destino de milhares de advogados que não possuem meios eletrônicos para participar de reuniões no Judiciário. E, pelo mesmo motivo, questiona-se se esses advogados e as partes por eles representadas teriam acesso às câmaras privadas.

Parece que estamos em tempos de adaptação e as ODRs são esse caminho. Alguns problemas poderão surgir; será tempo de correções e novos rumos.

A advocacia, principalmente grande parte dela, que não está dotada de acesso a inovações tecnológicas, e a própria mediação necessitam de um campo de trabalho e acreditamos que o caminho possa ser a formação do advogado para atuar nas ODRs.

A transição do processo físico para o virtual provocou enorme esforço de todos os operadores do Direito para reduzir espaços físicos, digitalizando processos de cartórios e nos escritórios, otimizando custo e tempo, para, ao final, atribuir nova destinação aos espaços de arquivos mortos, diminuir custos e conferir segurança, gerando espaços para novos clientes e a satisfação dos clientes fidelizados.

Abriu-se espaço, enfim, para os novos advogados que renovaram a prá-

---

15. Disponível em: https://www.mpdft.mp.br/portal/pdf/programas_projetos/gase/Manual_de_Mediacao_Judicial_MPDFT_CNJ.pdf. Acesso em 12 jul.2021.

16. Disponível em: https://www.meioemensagem.com.br/home/marketing/2020/04/07/cinco-tendencias-de-consumo-que-continuarao-apos-a-covid-19.html. Acesso em 12 jul.2021.

tica da advocacia, pois que a advocacia deve ser pensada como as políticas públicas, ou seja, a longo prazo e em larga escala.

A modernização da advocacia traz um frescor e abre espaço para os novos profissionais que chegam ao mercado e são denominados 'nativos digitais', mas necessitam a atenção especial da Ordem em sua formação, para que sejam, também, capazes de inovar e negociar em cooperação.

Só o tempo dirá se esse foi o melhor caminho, mas há que se fazer algo e, ao que nos parece, a OAB e o Judiciário deverão chegar a um amplo entendimento, de modo a modular o artigo 198 do CPC e inserir os advogados e população nas ODRs, como solução para a distribuição da justiça nesses tempos de isolamento e nos que, sem dúvida, virão.

A Covid-19 veio para levar, definitivamente, a justiça e seus operadores para o século XXI.

A PREVALÊNCIA DA COMUNICAÇÃO VERBAL NAS CONCILIAÇÕES E MEDIAÇÕES DE CONFLITO NO MODO ON-LINE

Beatriz Di Giorgi

1- Apresentação – Um olhar subjetivo e apaixonado sobre a mediação

Este texto tem como objetivo contribuir com o debate sobre as características específicas das conciliações e mediações on-line, mediante um depoimento subjetivo de impressões e percepções sobre a prática desta modalidade de mediação, comparando-a com a presencial, especialmente em 2020.

Para tratar desta questão é preciso, inicialmente, explicitar a relação que estabeleço com a prática de mediadora e como entendo sua natureza. Sou apaixonada pela mediação e pela conciliação como formas sofisticadas de resolver os conflitos. Acredito serem formas evoluídas e civilizadas de lidar com as disputas e tristezas humanas. No meu entendimento, a grande força e beleza destas formas alternativas de resolver conflitos é que têm como objetivo maior a construção da cultura da paz, com o significado de avanço civilizatório que traduz. Fortalece o prevalecimento da expressão da vontade de cada cidadão ou cidadã na condução de sua vida, em todos os casos em que o pacto público e coletivo assim permite. Em outras palavras, a mediação tem, para mim, a vocação de transpor o paradigma da organização hierárquica para uma ordem cooperativa, que pressupõe igualdade e respeito pelas diferenças.

Ressalto que, a despeito das diferenças entre mediação e conciliação apontadas por teóricos e estudiosos do tema, estas são irrelevantes para o desenvolvimento desta reflexão, pois ambas se prestam à busca de apaziguar conflitos. Tanto a conciliação como a mediação contam com a figura de quem facilita a comunicação com vistas a formular acordos possíveis e exequíveis e, principalmente, a melhorar a comunicação entre os mediandos para o tempo futuro, ainda que não se estabeleça o acordo. Para fins de definição, compartilho Adolfo Braga Neto[17]:

> a mediação de conflitos pode ser definida como um processo em que um terceiro imparcial e independente ajuda em reuniões separadas e conjuntas com as pessoas envolvidas em conflitos, sejam elas físicas ou jurídicas, a promover um diálogo diferente daquele decorrente da interação existente por força do conflito.

A mediação – palavra cuja etimologia remete à ideia de se colocar no meio, com o significado atual de estar entre duas partes conflitantes com o escopo de facilitar a aproximação –, para mim, flui melhor com espírito lúdico, essencial na vida para tornar todas as transformações menos difíceis.

Costumo brincar que já cheguei ao mundo com a marca da mediação, pois o nome que carrego foi resultado de um acordo construído entre minha mãe e meu pai. Para meu nome, minha mãe queria Suzana e meu pai, Gláucia. Nenhum dos dois "concordava" com o nome do outro. Com a mediação realizada por minha madrinha, chegaram ao acordo com o nome Beatriz, de que ambos gostavam bastante, embora não fosse a primeira opção. De minha parte, tenho orgulho do nome que carrego, de seu significado e do processo que antecedeu sua escolha.

Desde 2011, sou mediadora judicial e extrajudicial, sendo que minha prática até o início da pandemia de Covid-19 foi majoritariamente presencial, tanto no CEJUSC de Pinheiros em São Paulo como na atividade par-

---
17. BRAGA NETO, Adolfo. *Mediação: uma experiência brasileira*. São Paulo: CL-A Cultural, 2017, p. 89.

ticular. Além de mediadora, sou advogada, poeta e professora na Apameco – Academia Paulista de Mediação e Conciliação e carrego comigo estas características nas sessões de conciliação e mediação que realizo.

Acredito que a grande riqueza da mediação é a subjetividade das partes e de quem media, a qual se amalgama às técnicas específicas do ato de mediar. Nenhuma mediadora ou mediador, mesmo que queira, trilhará caminhos iguais numa mediação. A capacitação e o domínio das técnicas são fundamentais, mas a singularidade do ser humano, com inteligência e sensibilidade únicas, é o que justifica a mediação, que poderá resultar em um acordo exclusivo que será elaborado por, e para, partes específicas.

A teoria da mediação exige acompanhamento constante, sendo fundamental para quem exerce o papel de mediar estar atualizado e estudar as técnicas do ofício. Assim, no exercício da mediação, a mediadora tenderá a agir com a espontaneidade que o bom diálogo pede, sem racionalizar o discurso. Um aspecto que tenho cuidado de afirmar no início dos trabalhos de mediação, e reafirmar durante as sessões, é o pacto, o compromisso permanente de busca de entendimento, de que são signatárias conscientes as partes. A essência desse compromisso representa o empenho e o esforço de mudar o olhar de um sobre o outro, sobre si e sobre o conflito que têm, através do exercício de olhar por outras perspectivas e versões, com o objetivo de construir uma mesma narrativa de entendimento para ambas as partes. Nesse sentido, creio que a vontade pactuada entre todos os participantes, com espontaneidade e autenticidade, são ingredientes fundamentais da mediação, ao lado do domínio técnico que é requisito, mas que imprescinde da expressão explícita de vontade das partes em colaborar com a busca do novo.

O que se busca na mediação é acordo, sendo o processo válido e importante mesmo sem sua concretização. Não por acaso, a etimologia da palavra acordo remete àquilo que resulta da aproximação do coração, assim como é a transformação que se busca na mediação. A noção de que a autenticidade é elemento necessário na mediação se reforça com a ideia do acordo que vem do coração.

Até esse ponto, discorri sobre o que representa para mim a mediação e busquei trazer aspectos que mais me tocam na prática, aspectos que são igualmente concernentes tanto à mediação presencial como à virtual. A essência e busca são as mesmas em ambas as modalidades, o que muda é a forma de fazer.

Em minha concepção, a mediação é um instituto fantástico e promissor e uma teoria em construção que tem muito a acrescentar à evolução dos cidadãos e cidadãs e da própria democracia, visto que se presta a valorizar direitos humanos. Como bem pondera o professor da Faculdade de Direito da USP, Guilherme Assis de Almeida[18], em obra que tive a honra de prefaciar,

> a utilização da mediação para a constituição do sujeito é uma tarefa fundamental para o fortalecimento da democracia em todos os países da comunidade internacional. Essa tarefa cabe ao Estado e pode, e deve, ser complementada por agentes da sociedade civil e das universidades, bem como de todas as escolas e espaços pedagógicos em geral.

2- Algumas palavras sobre o conflito que se pretende superar com a mediação

É um verdadeiro clichê, entre mediadores e conciliadores, que conflito é algo inerente à relação humana, seja consigo ou com outros, e que o conflito não representa necessariamente um problema. O problema existe quando as pessoas não conseguem lidar com o conflito, que se torna um

---
18. ALMEIDA, Guilherme Assis de. *Mediação e o reconhecimento da pessoa*. São Paulo: CL-A Cultural, 2017, p.75.

obstáculo à fruição de suas vidas. Há conflitos aparentemente sem solução que, literalmente, tiram a alegria, o entusiasmo das pessoas. Em alguns casos, fazem até perder a vontade de viver.

O conflito, entendido como antagonismo, integra o convívio humano. Conflitos podem ser internos (exclusivos da pessoa) e externos (da pessoa com outra ou outras). Há conflitos construtivos que são o melhor estopim para evolução da pessoa. Há conflitos, com ou sem potencial destrutivo, que são superados no contato entre as partes sem necessidade de terceira pessoa. E há os conflitos que são disputas de índole paralisante e/ou destrutiva, para os quais é indicada a mediação.

Conflitos bem resolvidos geram transformações positivas e são uma ponte para a vivência de novas experiências. Pois a superação do conflito, por regra, induz à sensação de alívio e traz o sentimento de liberdade para enfrentar desafios novos.

O escopo da mediação extrapola a mera solução da disputa ou do antagonismo e pode ser definido como a busca concentrada de transformar um conflito em relação colaborativa. O estabelecimento e a retomada do diálogo entre as partes conflitantes são, portanto, o objetivo maior da mediação, que se espera deva ocorrer, ainda que sem formalização do acordo. O conflito atrapalha significativamente suas vidas, muitas vezes envolve questões jurídicas e legais, e é a matéria sobre a qual se debruça a mediação, presencial ou on-line, com vistas a superá-lo.

3- Mediação presencial e mediação on-line: diferenças, benefícios e desvantagens.

Como mencionei anteriormente, minha prática de mediação, judicial e extrajudicial, até a pandemia de Covid-19 foi quase exclusivamente presencial. Porém, a reflexão e o debate sobre a mediação on-line já fazem parte da minha vida há muitos anos, especialmente nos fóruns de discussão nas reuniões do GPS – Grupo Permanente de Supervisão do CEJUSC Pinheiros, em São Paulo, criado pela advogada e mediadora Helena Tannus, do qual participo com frequência.

Considero o GPS uma iniciativa muito feliz e, em reuniões que frequentei com a pauta "mediação on-line", tive oportunidade de pensar muito sobre o tema. E minha visão sobre a modalidade virtual de mediação era de certa resistência, baseada na crença de que a "presencialidade" era fundamental para a mediação alcançar seus objetivos. Acreditava que, sendo a grande maioria de conflitos que se busca resolver nascidos na forma presencial, superar este conflito da forma virtual quebraria a lógica de percurso e, sobretudo, retiraria a riqueza do diálogo presencial, que envolve linguagem corporal e comunicação não verbal.

No entendimento que eu tinha, até há pouco tempo, a mediação on-line só fazia sentido, e era aceitável, quando as partes estão fisicamente distantes (em cidades ou países diferentes, por exemplo), ou pelo menos uma das partes tivesse impossibilidade ou grande dificuldade de locomoção, ou, ainda, o encontro presencial entre as partes fosse tão hostil a ponto de inviabilizar, num primeiro momento, a presença de ambas em um mesmo local.

Porém, a despeito de minha resistência e prevenção de utilizar a tecnologia na mediação, esta se impôs por motivo da necessidade de confinamento, na quarentena vivida em 2020. A partir de abril de 2020, comecei a praticar conciliações e mediações exclusivamente na modalidade on-line.

Fui obrigada a lidar com um preconceito meu arraigado e superar um conflito interno para enfrentar a nova situação imposta, de forma positiva. Curiosamente, passei por um processo interno de superação de controvérsia, função que costumo facilitar entre as pessoas nas mediações de que participo. E, certamente, transformei minha forma de enxergar a mediação on-line, sendo que, em alguns aspectos, o que era mero preconceito se afirmou como conceito e, em outros aspectos, mudei de opinião.

É preciso lembrar que o ambiente virtual em que ocorre a mediação é diferente do presencial e exige habilidades de todos os participantes, devendo a mediadora ou o mediador orientar sobre a prática no modo on-line, pois, diversamente da relação em ambiente não virtual, ainda não se consolidaram no plano cultural regras comuns de conduta, que estão sendo criadas.

Um dos grandes desafios na mediação on-line é criar um clima de confiança com as partes. Enquanto na mediação presencial as partes, assim como a pessoa que media, têm contatos recíprocos com as pessoas de corpo inteiro, seus gestos e trejeitos, na mediação on-line as imagens dos corpos humanos são reduzidas a pescoço e rosto. O contato com esta visão da figura humana, da pessoa, muda a forma de comunicação. E as expressões faciais, geralmente, ficam pouco visíveis nas telas de celular e computador, o que não favorece a leitura destes sinais não verbais.

A linguagem verbal na mediação on-line prevalece e ganha enorme destaque, fato que diminui a possibilidade de estabelecimento de comunicações não verbais, mas favorece uma preocupação e um cuidado com o tom de voz e o conteúdo da fala, bem como com o modo de se expressar. O que é uma riqueza em relação ao modo de mediação presencial, em que percebo certo desleixo na fala. No ambiente onde há contato físico, é bem mais fácil uma eventual retratação do que se disse impulsivamente e possa ter soado agressivo para a outra parte. Já na seara virtual, todas as pessoas sabem intuitivamente que, caso a ofensa seja forte, uma pessoa ofendida pode apertar o botão de sair e encerrar a sessão. Assim, a mediação on-line tende a estimular o diálogo civilizado (que busca o processo) de pronto.

Para o enfrentamento da questão da mediação, que este texto propõe, é importante frisar, também, que é a ética, elemento fundamental a nortear as relações humanas, verdadeiro critério de valor que é um "conceito intimamente ligado à noção de justiça, e se torna cada mais essencial para o Direito na medida em que a justiça é princípio deste"[19]. E, nesta esteira, é fundamental refletirmos como a ética se manifesta e deve ser cuidada na mediação com o uso de tecnologia.

4- Breves considerações sobre a ética na mediação on-line

A mediação judicial, como todas as áreas de conhecimento, norteia-se por critérios éticos e possui um código de ética que orienta e regula práticas dos mediadores e conciliadores judiciais. Tal código de ética foi estabelecido no Anexo III da Resolução nº 125, de 29 de novembro de 2010 – com alterações pela Emenda nº 1, de 31.01.13 – e apresenta como princípios fundamentais: confidencialidade; decisão informada; competência; imparcialidade; independência e autonomia; respeito à ordem pública e às leis vigentes; e empoderamento e validação. Sendo, nos termos da referida Resolução, as seguintes regras que regem o procedimento de conciliação/mediação: informação; autonomia da vontade; ausência de obrigação de resultado; desvinculação da profissão de origem; e compreensão quanto à conciliação e à mediação.

De minha parte, entendo que as regras e os princípios fundamentais, constantes no código de ética dos mediadores judiciais, aplicam-se também aos extrajudiciais, evidentemente nas mediações presenciais e on-line.

Quanto à ética, importa ressaltar que compartilho a visão do professor Fábio Konder Comparato, que entende que a felicidade é o objetivo maior e o sentido da vida dos seres humanos, que se busca alcançar, sobretudo, através

---

[19]. DI GIORGI, Beatriz. Especulações em torno dos conceitos de ética e moral. In: *Direito, Cidadania e Justiça*. São Paulo: Revista dos Tribunais, 1995, p. 229.

de três grandes valores éticos: a verdade, a justiça e o amor, e arremata tal propositura afirmando que "os valores são qualidades do ser, mas que só existem para os homens; são, portanto, realidades intencionalmente humanas"[20].

Nessa linha, compreendo, do ponto de vista ético, que a prática da mediação, on-line ou presencial, judicial ou extrajudicial, presta-se à busca da felicidade, com a utilização dos princípios e regras estabelecidos no código de ética, técnicas estudadas, mas que são derivadas da adoção de conduta que, necessariamente, privilegie a verdade, a justiça e o amor. Sem estes ingredientes como referências, não se alcança o ideal ético em atividade alguma.

5- Conclusão: nada melhor que um bom acordo entre a modalidade presencial e a virtual

A partir do exposto, constato que há situações em que a mediação on-line é a única opção possível e, geralmente, esta modalidade cumpre razoavelmente seu papel. E, mais do que isso, com o passar do tempo, há espaço de aprimoramento de técnicas e o costume provavelmente vai "normalizar" esta modalidade, a ponto de tornar absolutamente eficaz que, em alguns casos, seja realizada por mera conveniência das partes. Porém, desacredito, até o momento, que seja interessante à prática de mediação o modo on-line se tornar a regra. Até temo que seja essa a tendência para o futuro. Entretanto, como adepta e defensora dos princípios da mediação, sinto-me particularmente à vontade para afirmar que, talvez, possa mudar meu olhar sobre o modo on-line de realizá-la.

No atual momento e contexto, entendo, porém, que, sempre que possível, a velha e boa relação presencial deva prevalecer, pois a riqueza de comunicação que existe não se substitui na forma virtual. Caso seja mais

---

20. COMPARATO, Fábio Konder. *Ética: direito, moral e religião no mundo moderno*. São Paulo: Companhia das Letras, 2006, p. 508.

fácil o modo on-line para as partes envolvidas, considero importante que, na medida das possibilidades, pelo menos a primeira sessão seja realizada presencialmente, o que imprimirá um vínculo de confiança que facilita o estabelecimento do pacto, do compromisso de busca de entendimento, que valorizo, sobremaneira, como pressuposto de um bom trabalho.

Reitero que, nas hipóteses que mencionei anteriormente – de as partes estarem fisicamente distantes (em cidades ou países diferentes, por exemplo), pela impossibilidade ou grande dificuldade de locomoção, relação das partes hostil a ponto de inviabilizar a presença de ambas em um mesmo local físico –, a realização de sessões exclusivamente virtuais se justifica.

Por outro lado, estou convencida da existência de casos peculiares em que a mediação on-line é ineficaz, limitadora da retomada do diálogo, pela falta de contato pessoal e com o corpo inteiro, que pode ser essencial para a superação do impasse. Por exemplo, em minha prática de mediação privada, tive oportunidade de ser facilitadora de um caso versando sobre fixação de alimentos gravídicos, cujas partes eram o futuro pai e a futura mãe, separados antes de a barriga da mulher começar a crescer. Nesta mediação específica, a participação visual da grávida e de sua barriga proeminente foi fundamental para a realização do acordo. Justamente a visualização e o reconhecimento da barriga (e, portanto, da criança que se gerava) foram o fator determinante do entendimento. A participação da barriga fez o futuro pai realizar que ali estava o filho que nasceria em breve. Toda esta dinâmica seria impossível se as reuniões fossem on-line.

Casos em que o modo on-line ou presencial sejam os únicos possíveis são raros. Por isso, defendo que, visto a tendência de a tecnologia cada vez se impor com mais força, que a maioria dos casos seja realizada no sistema misto, revezando-se sessões presenciais com on-line, em adequação a cada caso específico.

MEDIAÇÃO EM TEMPOS DE PANDEMIA

Eliete Penna

Dentro da minha atuação profissional, na função de advogada, mediadora ou *coach*, sempre fui resistente e contrária a qualquer tipo de atendimento que não fosse o presencial, tendo muita resistência em atender clientes on-line.

Muitas vezes, na impossibilidade de o cliente se dirigir ao meu escritório, desloquei-me ao seu endereço, facilitando o contato físico, entendendo o encontro presencial como sempre vital para que fosse estabelecida a relação de confiança, empatia e cumplicidade entre todos os envolvidos no processo.

Sempre entendi que, através do olhar, todos os sentimentos afloram e a comunicação pode ser restabelecida com mais facilidade. A limitação estabelecida pela tela do computador ou do telefone celular dificulta em demasia o resultado positivo dos trabalhos.

Com o advento da pandemia de Covid-19, que nos impôs o isolamento social, não tive outra alternativa a não ser buscar as plataformas digitais, no sentido de seguir com minha atuação profissional, que passou a se dar integralmente de forma digital.

Lancei mão de algumas plataformas de reuniões on-line e comecei a atuar com o auxílio delas, podendo desde já adiantar que me surpreendi com o resultado positivo obtido, dando a mão à palmatória aos colegas jovens que sempre me venderam essa ideia, que desprezei durante todos estes anos.

Passo então a relatar a minha visão atual, em vista das experiências que mantive durante a pandemia, exercendo as funções de mediadora, *coach* e advogada, com ajuda das plataformas digitais.

1- Minha visão como mediadora e *coach*

Como já dito acima, a frieza das telas dos computadores e dos celulares nos impede de estabelecer a comunicação pelo olhar, criando uma relação mais distante entre todos os envolvidos no trabalho.

O formato das salas virtuais torna os encontros mais frios e distantes, impossibilitando que sejam observados os reais sentimentos expressados pelos movimentos corporais, gestos e trejeitos dos envolvidos, durante o andamento das sessões.

Ao mesmo tempo em que esses sinais vitais ficam ausentes das telas e distantes das partes, observa-se um maior respeito entre os mediados, não se denota mais o ar sarcástico ou até mesmo o *bullying* visual, tão explorados nos contatos presenciais, em vista da impossibilidade de serem captadas as expressões corporais pelas telas, impondo-se mais tolerância e respeito nas sessões de mediação on-line.

Outro elemento benéfico provém do formato das plataformas, que impossibilita que todos falem ao mesmo tempo e propicia que as trocas de diálogos se deem de forma mais equilibrada, estabelecendo uma ordem obrigatória e de respeito à fala individual de cada um, ao contrário do que ocorre nas mediações presenciais, quando as emoções afloram e todos querem falar ao mesmo tempo.

Esse formato virtual gerou mais agilidade e dinamismo ao trabalho, evitando que o mediador venha a perder tempo em conter a animosidade dos envolvidos, que muitas vezes fogem totalmente do controle nas mediações presenciais.

Observo também que, entre uma fala e outra, existe um tempo estabelecido pela própria plataforma, que permite que os envolvidos possam ouvir com mais atenção o que foi falado e refletir a respeito, antes de responder.

Em síntese, o silêncio gerado pela plataforma estimula obrigatoriamente uma reflexão, tanto para quem está na escuta, como para quem falou.

O silêncio, técnica muito utilizada nos processos de mediação, propicia melhor absorção e entendimento do que foi falado, maior assimilação, e desenvolve a empatia, sentimento primordial ao resultado positivo nos processos de análise em geral, e com mais ênfase nas mediações.

Citando Tom Andersen, em sua obra *Processos Reflexivos*[21]:

> Durante o ciclo da conversa, uma pessoa sempre necessita de uma pequena pausa antes de falar (agir) e uma pequena pausa antes de ouvir (sentir). A pausa antes do falar pode ser usada para uma pergunta a si próprio: "O que ele realmente falou".

A pausa e o silêncio, provocados pela plataforma digital, desenvolveram de forma inesperada a escuta ativa, na qual a parte que está na escuta consegue ouvir e acessar o que foi dito, antes de imediatamente responder, ao contrário do que se dá nos encontros presenciais, quando o ímpeto em revidar impede um melhor entendimento do que foi falado.

O modelo on-line facilita que se deem os diálogos internos, necessários ao entendimento e à assimilação do que foi dito, antes mesmo que qualquer resposta seja proferida.

No momento em que não há discussão, e sim diálogo, o resultado tende a ser mais benéfico e positivo, diferentemente da discussão, na qual não se ouve o que foi falado e as falas são interrompidas antes da sua conclusão pela parte que está na escuta.

---

21. ANDERSEN, Tom. *Processos Reflexivos*, 2ª Ed. Rio de Janeiro: Instituto NOOS; ITF, 2002, p.56.

O diálogo gera melhor interpretação do que foi dito, visando a uma resposta com mais fundamento.

Citando Humberto Mariotti[22]:

> No diálogo, o padrão "eu falo, você responde" é substituído pela alternativa – "eu falo, você também fala: falamos juntos". Novas ideias surgem pela cooperação, não pelo confronto.

Importante ao mediador tentar manter o diálogo, delimitando o confronto ao início, quando os ânimos ainda estão alterados, tentando no decorrer da sessão transformar o debate em um diálogo.

Outro fator determinante que venho constatando nas sessões on-line, equivale à preocupação dos mediados em se fazer expressar de forma precisa e objetiva.

A linguagem passou a ser o fator fundamental para se estabelecer a comunicação entre as partes.

Nos últimos anos, a linguagem vem sendo desvalorizada, voltamo-nos às informações breves e fragmentadas, palavras passaram a ser abreviadas e externadas por símbolos e *emojis*, que representam palavras, sentimentos ou até mesmo uma mensagem.

A linguagem voltou a ser protagonista em tempos de pandemia nas sessões on-line. A experiência demonstra uma extrema preocupação das partes em expor suas questões de forma clara e objetiva, ocupando de forma proveitosa o tempo disponível.

O ambiente frio e distante induz o participante a não protelar, nem mesmo perder tempo com palavras que em nada acrescentariam ao resultado dos trabalhos.

---

22. MARIOTTI, Humberto. Diálogo: um método de reflexão conjunta e observação compartilhada da experiência, *Revista Thot* (São Paulo) 76:6-22, 2001, p. 12.

Fala-se o necessário, sem delongas e repetições, dando-se protagonismo à palavra falada, elemento fundamental ao bom desenrolar do processo de mediação, quando não contamos com o contato físico e exteriorizações corporais das emoções.

Destaco, entretanto, a importância do papel do mediador, pois, ao mesmo tempo em que novos horizontes e canais de comunicação foram aprimorados, ficam reduzidos, no modo on-line, os recursos que anteriormente facilitavam seu entendimento e a melhor condução das mediações.

A ausência do contato presencial, que possibilita ao mediador observar as reações, os trejeitos e gestos dos envolvidos, de grande valia para a avaliação das emoções e sentimentos, faz com que seu campo de análise fique restrito à palavra falada, aumentando em demasia o nível de atenção necessário para não perder nenhum detalhe do que está sendo falado.

No modelo on-line, saímos de uma sessão de mediação esgotados. A tensão e observação destinadas ao entendimento do que está sendo tratado são muito grandes. Além disso, deixamos de ter outras ferramentas que o contato físico nos proporciona, como já dito acima, e, no meu caso em particular, com maior importância, deixo de perceber o olhar dos mediados, maior expressão do verdadeiro sentimento.

Outros problemas, a meu ver, que acredito que todos os profissionais da área vivenciam, dizem respeito às falhas de conexões com a internet e às dificuldades enfrentadas pelos envolvidos que não estão introduzidos no mundo tecnológico e não conseguem acompanhar as sessões de mediação.

Ficamos sempre tensos e ansiosos, com receio de que a qualquer momento o sinal caia no decorrer da sessão, interrompendo os trabalhos, com o risco de, na retomada, os envolvidos não estarem mais tão conectados com a questão como anteriormente.

Os desafios são muitos, mas podem ser contornados e superados. Acredito que todos os profissionais da área viveram o mesmo, sendo de extrema importância seguirmos na defesa da cultura da paz, através de todas as técnicas e ferramentas de resolução de conflitos hoje disponíveis.

2- Minha visão como advogada

No sentido de colocar as minhas experiências, atuando como advogada em mediações judiciais e extrajudiciais, durante o período da pandemia, relato abaixo algumas situações enfrentadas.

Pela formação adquirida como advogada, tenho como propósito sempre defender meu cliente, amparando-o no que for pertinente ao meu trabalho. Nos momentos de confronto com a parte contrária, meu instinto protetor aflora e nessas ocasiões meu cuidado com o bem-estar emocional do cliente é muito grande.

Minha primeira experiência como advogada em plataforma digital deu-se em uma mediação judicial celebrada no Fórum João Mendes, estando presente a mediadora, minha cliente por mim acompanhada e seu marido, acompanhado de sua procuradora.

Tratava-se de um processo relacionado a pensão alimentícia e regulamentação de visita das crianças.

Adentrei a sala virtual sem pensar como seria e, no momento em que me vi a 30 km de distância da minha cliente, entrei em pânico.

Tenho como costume ficar ao lado da cliente e ampará-la no que for preciso. Muitas vezes, percebendo que ela está alterada ou insegura com o que está ouvindo da outra parte, com um leve toque meu no seu braço percebo que a confiança já é restabelecida; um olhar carinhoso ou confiante de minha parte também pode transformar a autoestima da cliente. Dessa maneira, dei-me conta de que na sala virtual não poderia oferecer o apoio de que ela necessitava.

Vi-me sem chão e com vontade de cancelar tudo!

Após 10 minutos de sessão, o mal-estar foi passando e senti minha cliente segura e confiante nas suas atitudes e ponderações.

Atribuo o sucesso da mediação ao excelente desempenho da mediadora, que conduziu a sessão com total firmeza e segurança, estabelecendo um equilíbrio entre as partes e seus advogados.

Noto que o desempenho do mediador é fundamental nesse caso, para trazer a todos os envolvidos a segurança, disciplina e ordem, propiciando um resultado a contento.

Passando a primeira experiência bem-sucedida, posso dizer que a segunda sessão de que participei foi patética. Estávamos em uma sala virtual: a mediadora, meu cliente em sua casa, eu o representando em meu escritório e, da parte contrária, parte e advogado na mesma tela do computador, ambos no escritório do procurador e de máscaras, evitando o contágio entre eles.

Importante frisar que essa audiência se deu em momento crítico da pandemia, quando o número de óbitos superava mais de 1.200 por dia.

Meu cliente não reconhecia a parte contrária, que estava de máscara, confundindo-a inicialmente com o advogado.

Ambos, por estarem "grudados" para aparecerem na tela, estavam constrangidos e com medo do contágio.

O mediador, entendendo o constrangimento de todos, fez por bem agilizar a abertura, buscando facilitar de todas as formas a tentativa de solução amigável, que, a meu ver, se deu mais por conta da necessidade da parte *ex adversa* se livrar da proximidade com seu advogado, em vista do temor do contágio, do que por convencimento.

Acredito que as mediações on-line, dentro do Judiciário, ainda engatinham, havendo a necessidade de serem estabelecidas regras básicas para que se deem com mais clareza, estabelecendo condições iguais para ambas as partes.

Penso que, estando as partes em situação desigual em uma audiência on-line, o que pode advir de falta de representação ou dificuldade de uma delas em lidar com a plataforma digital, a mediação não pode seguir, havendo necessidade urgente de serem criadas regras e regulamentações claras para seu funcionamento.

3- Conclusão

A experiência durante a pandemia me mostrou que é possível seguirmos com os encontros on-line. Meu trabalho não parou, segui nos moldes adotados pelas plataformas digitais e o resultado foi positivo.

Surpreendi-me com o entendimento dos envolvidos, que privilegiaram a linguagem, dando protagonismo à palavra falada, ao entenderem que esta é a única ferramenta que têm para se expressar, propiciando que os resultados obtidos nas mediações tenham sido, em sua maioria, positivos.

Vou seguir lançando mão do modelo on-line para casos que tenham essa necessidade, mas visando sempre à retomada das sessões presenciais, nas quais trabalhamos por inteiro, aplicando todas as técnicas disponíveis para o resultado pretendido.

Importante não interrompermos nosso trabalho, enfrentando todos os obstáculos e desafios, seguindo sempre com o objetivo de buscarmos o melhor entendimento entre as partes, valorizando a cultura da paz.

EFEITOS DO PROCESSO DE MEDIAÇÃO

Rachel Raca Bromberg

Em 2020, com o advento da pandemia e com as regras do isolamento social para evitar ou diminuir a transmissão do vírus, os processos de conciliação ou mediação, judiciais ou extrajudiciais, encontraram no formato on-line uma espécie de antídoto. Os encontros presenciais, bem como as conciliações e mediações, passaram a acontecer virtualmente. Conciliadores, mediadores, partes e advogados precisaram aprender a atuar neste formato.

Com o desenrolar dos trabalhos de mediação on-line, tanto judicial como extrajudicial (passo a chamar assim de mediação on-line, incluindo a conciliação e a mediação), os envolvidos que dela participam começam a perceber alguns efeitos desse processo. Paradoxalmente, o antídoto do on-line, que inicialmente parecia gerar alguma dúvida quanto à eficácia, trouxe uma espécie de efeito colateral positivo, que destaco como ganhos esperados para todos que dela participam.

Destaco a seguir o que considero mais relevante para uma análise do que se ganhou com esses novos efeitos.

1- A escuta qualificada

Os envolvidos no processo de mediação on-line percebem que escutar o outro é uma decisão. Ao privilegiar a comunicação oral que acontece on-line, parte do gestual irá se perder por questões do enquadramento na tela do computador ou do visor, portanto o principal foco será sonoro. Esta decisão requer foco, atenção e supressão de ruídos e interferências externas ou do ambiente ao redor. Esta postura de se prontificar a escutar também é uma atitude que pede uma abertura mental. Explicando melhor, quando somente ouvimos alguém falar, nossa postura é passiva, pois ouvir os sons saírem da boca é fácil e não exige esforço; é um reflexo.

É possível estar ouvindo sem pensar, sem se conectar. Já escutar como decisão pressupõe que eu faça uma pausa mental que possibilite sair do foco autocentrado do meu eu e adote uma modificação de postura em que me coloco em segundo plano.

Na escuta, passo a dar atenção plena àquele outro que está dizendo algo. A esta atitude chamo de escuta inclusiva, pois permite incluir o outro com suas informações e suas ideias, sem necessariamente com elas concordar. Para isso, foi necessário dar ênfase a essa escuta qualificada, atenta, sem interrupções. Na modalidade on-line, esta escuta ganha maior ênfase e cuidado, já que a comunicação não verbal da linguagem corporal está mais restrita ao que se observa na tela das plataformas. Além disso, é necessário prestar atenção em outros sinais, como o tom de voz, as pausas, o fluxo da respiração, que na modalidade presencial estariam mais evidentes e virtualmente irão requerer maior esforço. Os envolvidos serão mais exigidos com relação ao cuidado com a própria linguagem, pelas mesmas razões já explicitadas, levando a um grande efeito positivo no processo de fala e escuta. As consequências deste maior cuidado serão colhidas através de uma significativa melhora na comunicação.

2- A curiosidade aguçada

Uma maior curiosidade para visitar novas ideias parece na modalidade on-line algo mais seguro, pois se está a alguma distância física daquele que eventualmente possa se opor em relação às ideias a serem partilhadas. O modelo virtual traz, pela ausência do contato olho no olho, para alguns casos, menor intimidação ou pressão, o que pode deixar as partes confortáveis ao ponto de experimentarem maior curiosidade.

Mesmo sabendo que as ideias em sua maioria são divergentes, com a mediação as partes são convidadas a experimentar e a vestir as lentes do outro.

O convite é feito para que possam visitar a perspectiva do outro, que pensa e enxerga sob outro prisma.

Querer conhecer e ter a curiosidade como uma postura permanente é essencial para reconhecer o outro e suas visões como algo possível, legítimo e interessante, capaz de trazer o novo ou simplesmente o diferente.

Quando se abre a possibilidade de incluir ou acolher o diferente, o caminho da mediação está aberto e todas as possibilidades podem ser colocadas à mesa.

3- A empatia

O uso da nova tecnologia e o aprendizado da comunicação em novo formato podem ser a primeira partilha de algo novo e comum. Quando advogados, mediadores e as partes podem descobrir outra opção de comunicação, algo novo está sendo partilhado. As dificuldades iniciais quanto ao sinal ou até mesmo sobre o domínio da tecnologia podem ser uma experiência coletiva a gerar empatia. Como ser empático, ainda que não presencialmente e mesmo tendo como divergentes as ideias do outro? Quando se consideram legítimas ideias que são diferentes, rompe-se a barreira da exclusão e nasce a escuta empática e inclusiva a qualquer distância.

Ter empatia ou desenvolver empatia é um movimento de abertura iniciado na escuta e que se desenrola permanentemente como uma dança[23].

---
23. MATURANA, Humberto. *Emoções e Linguagem na Educação e na Política*. Tradução de José Fernando Campos Fortes. Belo Horizonte: Editora UFMG, 2002.

Eu me deixo ser levada por uns instantes pelo outro, para que possa sentir o efeito das suas palavras em mim. Sentir o que essas palavras fazem, sem julgamento, é poder abrir este espaço para incluir e acolher as necessidades do outro.

Esse movimento é demonstrar empatia mesmo sem se identificar ou sem concordar. É permitir ver como a estória do outro me toca. Quando decido ouvir e acolher as necessidades de alguém com curiosidade e sem julgamento, desenvolve-se a escuta empática num movimento de interação mútua, como uma verdadeira dança.

Quando o outro pode sentir que foi ouvido, algo de poderoso se constrói e, a partir desse movimento, desenrola-se a empatia.

Quando as partes podem se sentir mais seguras, relaxadas, curiosas, o sentimento de empatia pode nascer e abrir novas possibilidades para um bom diálogo.

4- Resgate de confiança

Todos os participantes dos processos on-line precisam de adaptação quanto ao uso da tecnologia para que estejam em condições minimamente equilibradas em relação à participação. São necessários informações técnicas e ajustes para que todos possam superar eventuais diferenças no manejo destas ferramentas. Assim, o ambiente on-line pode trazer, para além da inovação, confiança.

A confiança deve ser encarada no processo de mediação como um projeto a ser alcançado entre todos os que dela participam. Algo que deve ser desejado por todos com caráter de complementariedade.

No ambiente virtual, ter a confiança dos que dela participam é algo que o mediador busca alcançar desde o início na maneira como constrói a relação entre todos. Entre as partes, é algo a ser trilhado com o desenvolver do diálogo.

Se todos iniciaram a dança da empatia, o caminho do resgate da confiança pode ser trilhado em consequência desse esforço conjunto.

Quando ambos resolvem iniciar um movimento de se interessar e reconhecer a perspectiva do outro, quando se permite sentir a necessidade do outro, é possível passar de um estado de individualidade, insegurança e enfraquecimento para um verdadeiro empoderamento e reconhecimento mútuo, em que nasce a confiança.

As pessoas que participam desse processo constroem um novo cenário de comunicação, no qual podem buscar, com seus próprios recursos, passos de resgate da interação e de superação.

Essa conquista se desenvolve em cooperação, respeito mútuo e confiança. Esse movimento é de aproximação, podendo romper barreiras e também as distâncias físicas. A confiança básica entre todos possibilita manter os princípios éticos da mediação, que envolvem confidencialidade, decisão informada, competência, imparcialidade, independência, autonomia e boa-fé[24].

5- Reconhecimento

Reconhecer os sentimentos, seus interesses, bem como respeitar os diferentes pontos de vista, são aspectos fundamentais para a abertura de uma escuta que possa incluir o outro[25].

Reconhecer pode ir além de incluir e respeitar o outro, sendo por ve-

---

24. BRASIL. Conselho Nacional de Justiça. Resolução nº 125, de 29 de novembro de 2010. Disponível em: <http://www.cnj.jus.br/images/stories/docs_cnj/resolucao/arquivo_integral_republicacao_resolucao_n_125.pdf>. Acesso em: 04 mar. 2018.
25. ROSENBERG, Marshall E. *Comunicação não violenta: técnicas para aprimorar relacionamentos pessoais e profissionais*. São Paulo: Ágora, 2006.

zes necessário um pedido de desculpas ou mesmo de aceitação. Esses dois passos são formas poderosas de reconhecimento mútuo. Por vezes, só por estarem em ambiente físico diverso, as partes em conflito podem superar com maior facilidade barreiras como o medo, a insegurança ou o constrangimento, que impedem a aceitação e o reconhecimento.

6- O caminho do diálogo

No processo de mediação, quando a escuta é possível, quando há curiosidade pela perspectiva do outro, quando as ideias diferentes são legítimas, permite-se o reconhecimento mútuo.

As trocas de significados e a interação complementar acontecem quando as pessoas estão em diálogo, seja este presencial ou virtual.

Estar em diálogo é entender que não há necessidade de convencer o outro ou derrubar o seu argumento.

No diálogo, o fundamental é compartilhar algo para que todos possam desfrutar[26]. Dialogar é fazer junto ou colocar em prática algo comum. No diálogo, não há ideia vencedora ou perdedora.

Quando surge alguma diferença no diálogo, abrem-se novas possibilidades, pois algo novo surge.

Quando o novo é compartilhado, abre-se o caminho para a transformação. Pelo diálogo, os participantes da mediação podem encontrar soluções que venham a satisfazer seus interesses e transformar seus conflitos. Pelo diálogo, as pessoas que dele participam podem construir pontes de aproximação, ainda que em ambientes separados.

No ambiente on-line, sinal dos tempos pandêmicos, todo o processo de

---
26. BOHN, David. *Diálogo:* comunicação e redes de convivência. Tradução de Humberto Mariotti. São Paulo: Palas Athena, 2005.

mediação pode se desenvolver em paralelo ao ambiente presencial. Outros fatores objetivos que facilitam a abertura para o diálogo dizem respeito à flexibilização das agendas dos advogados e das partes possibilitada pela tecnologia. A redução dos custos pela não necessidade de deslocamento, a eliminação de certos elementos de agressividade na comunicação pelo melhor uso de uma comunicação mais empática e o menor desgaste emocional foram aspectos comentados pelas pessoas que fizeram uso tanto no Judiciário como nos meios extrajudiciais. O resultado tem se mostrado positivo.

Os efeitos em todos que participam podem superar as dificuldades.

Ajustes são necessários, como as questões tecnológicas e o contínuo aprimoramento dos mediadores, mas alguns fatores extremamente positivos podem ser percebidos, bem como os efeitos nos mediandos em um ambiente de segurança e não violência, em que a desejada cultura da paz pode ser alcançada, ainda que virtualmente. Assim, os mecanismos da mediação on-line podem ser encarados como ferramentas aliadas; e o preparo dos profissionais que utilizarão estas plataformas irá fazer a diferença.

A ASSIMETRIA DAS RELAÇÕES DE CONSUMO E A NECESSIDADE DO ADVOGADO E DE UM TERCEIRO FACILITADOR NAS ODRs

João Augusto Favery de Andrade Ribeiro

Há um enorme esforço para a solução dos conflitos humanos, notadamente na área do direito do consumidor, com construções doutrinárias e jurisprudenciais, em grande parte direcionando a resolução das disputas para locais neutros e desvinculados da tutela estatal, dada a demanda descontrolada que houve por criar uma espécie de barreira para plena entrega da justiça.

Nesse sentido, inúmeras alternativas vêm sendo ofertadas de modo a disponibilizar meios adequados de solução de conflitos com base na concepção autocompositiva no tribunal multiportas.

Não raramente, a oferta de meios adequados vem procurando desafogar o Judiciário, ao mesmo passo em que pretende criar o hábito de negociação dos interesses nas relações consumeristas.

1- As ODRs como espaço de negociação

As plataformas de ODR (*online dispute resolution*) são ambiente virtual no qual se mesclam soluções buscadas pelos consumidores e fornecedores com ou sem a participação de um facilitador.

O meio virtual de solução de conflitos foi a única maneira de se manter viva a resolução de conflitos em época de expressivo isolamento social e, nada obstante, implantado abruptamente, dada a urgência, será amplamente aplicado no dia a dia dos métodos de resolução das controvérsias.

É um ambiente em que a informalidade impera e traz inúmeros benefícios aos participantes, na medida em que permite uma espécie de onipresença, dado que se podem conectar os programas em qualquer local e em qualquer horário, do celular ou computador pessoal, exigindo, apenas, alguns conhecimentos de informática.

Ficou mais fácil reclamar de uma compra que não atendeu as expectativas, de um produto defeituoso, de uma má prestação de serviço, pois as ODRs permitem que, sem deslocamentos e perda de tempo, as partes envolvidas nos negócios se comuniquem efetivamente.

Contudo, existem algumas diferenças que devem ser consideradas na resolução das controvérsias quando nos deparamos com relações envolvendo assimetria de poder.

Assim, a resolução das controvérsias, em alguns casos, ainda não poderá se desviar do método tradicional, e a negociação direta – embora seja a meta jurídico-social – necessitará de alguns cuidados.

Sabe-se que o meio escolhido para a solução dos conflitos em grande parte é o acesso ao Judiciário, com o que, diante do estrangulamento desse órgão estatal, inúmeros ordenamentos vêm criando rotas alternativas, visando à celeridade dos processos e à consequente entrega da justiça.

Daí se criarem outros métodos, no sistema multiportas, aos quais as partes são apresentadas e dirigidas.

2- A exigência da prévia negociação

Temos visto, entretanto, que algumas decisões judiciais já vêm adotando a regra de se exigir, antes do ingresso no meio denominado adjudicatório, a busca pela solução nas plataformas de consumo, como é o caso do consumidor.gov.br.

Nesse sentido, extrai-se de reportagem do *site* Migalhas a sentença proferida nos autos do processo n. 0800197-31.2020.8.10.0077[27]:

> ... Com a entrada em vigor do Novo Código de Processo Civil, houve uma sensível alteração nas balizas mestras que norteiam a solução de conflitos, de modo que os meios alternativos ganharam especial importância, notadamente aqueles cujo desenlace é consensual (autocomposição). Vejamos: Art. 3º - Não se excluirá da apreciação jurisdicional ameaça ou lesão a direito. [...] § 2º O Estado promoverá, sempre que possível, a solução consensual dos conflitos. [...] Atento a essa nova percepção do processo civil, que este juízo passou a exigir da parte que ingressa com uma nova ação, a comprovação de que minimamente tentou resolver o imbróglio por meios extraprocessuais. Para que se tenha ideia que essa solução é a nova vertente a ser aplicada, a Secretaria Nacional de Defesa do Consumidor (SENACON), órgão ligado ao Ministério da Justiça, criou a plataforma consumidor.gov.br, pela qual o conflito é submetido administrativamente à empresa com o intuito de resolvê-lo de forma mais célere e eficaz. Atualmente, 80% das reclamações registradas no Consumidor.gov.br são solucionadas pelas empresas, que respondem às demandas dos consumidores em um prazo médio de 7 dias. A criação desta plataforma guarda relação com o disposto no artigo 4º, inciso V da Lei nº. 8.078/1990 e artigo 7º, incisos I, II e III do Decreto nº. 7.963/2013. Note-se que a primeira porta para a solução dos conflitos não pode ser o Judiciário. Isso apenas contribui para o fomento da cultura do litígio e é contrário à rápida, barata e eficiente solução dos problemas nas relações de consumo. A sociedade civil não pode suportar o custo de que Judiciário seja a primeira instituição a ser procurada para resolver os mais diversos problemas da vida de relação. Isso porque há um custo orçamentário enorme para a manutenção do Judiciário, que não

---

[27]. Processo 0800197-31.2020.8.10.0077, disponível em: https://www.migalhas.com.br/arquivos/2020/8/27D-623CE90C3EA_extrajudicial.pdf. Acesso em 04 set. 2021.

pode e não deve ser ultrapassado. Portanto, o Judiciário deve ser a 'última praia', ou seja, quando realmente falharem os demais mecanismos disponíveis para solucionar conflitos, tem, sim, a parte, o direito constitucional de acesso à jurisdição. Todavia, quando o sistema propicia mecanismos ágeis, sem custo, para tendencialmente resolver de forma mais efetiva e rápida o litígio, é razoabilíssimo que se exija que a parte deles se utilize antes de ajuizar sua demanda. Essa moderna visão, cujo principal objetivo é reservar a via judicial para as lides que realmente não comportem solução diversa da contenciosa, já era respaldada, inclusive antes mesmo da vigência da Lei n°. 13.105/15, pelo próprio Supremo Tribunal Federal, que, em análise da necessidade ou não de prévio requerimento administrativo perante o INSS, entendeu, em sede de repercussão geral, que o estabelecimento de condições para o regular exercício da ação, como a necessidade de prévia tentativa extrajudicial, não malfere o acesso ao Poder Judiciário...

Como se verifica da decisão, houve uma exigência de se buscar a solução negociada nas plataformas de ODR antes de se ingressar no Judiciário.

Essa tem sido a tônica, amparada nas ações envolvendo pleitos no INSS, como se verifica do citado acórdão proferido nos autos 631.240, do Supremo Tribunal Federal, no qual se caracterizou a repercussão geral para a controvérsia da prévia postulação perante a administração como condição da ação:

> CONSTITUCIONAL. ADMINISTRATIVO. PREVIDENCIÁRIO. PRÉVIA POSTULAÇÃO ADMINISTRATIVA COMO CONDIÇÃO DE POSTULAÇÃO JUDICIAL RELATIVA A BENEFÍCIO PREVIDENCIÁRIO. REPERCUSSÃO GERAL. EXISTÊNCIA. Está caracterizada a repercussão geral da controvérsia acerca da existência de prévia postulação perante a administração para defesa de direito ligado à concessão ou revisão de benefício previdenciário como condição para busca de tutela

jurisdicional de idêntico direito.(STF - RG RE: 631240 MG - MINAS GERAIS, Relator: Min. JOAQUIM BARBOSA, Data de Julgamento: 09/12/2010, Data de Publicação: DJe-072 15-04-2011)

Talvez, também, a inspiração esteja na Lei de Greve (Lei nº 7.783/89), que exige a prévia negociação ou a impossibilidade da via arbitral antes de se deflagrar o movimento.

Todas com base no preâmbulo e artigo 4º da Constituição Federal, que declaram a vocação pátria de solução pacífica das controvérsias.

3- O amplo acesso à justiça como direito não absoluto e a prévia negociação

Embora a Constituição tenha garantido o acesso à justiça, tem se considerado na doutrina e jurisprudência não se tratar de um direito absoluto, como se vê abaixo:

> Os princípios constitucionais que garantem o livre acesso ao Poder Judiciário, o contraditório e a ampla defesa, não são absolutos e hão de ser exercidos, pelos jurisdicionados, por meio das normas processuais que regem a matéria, não se constituindo negativa de prestação jurisdicional e cerceamento de defesa a inadmissão de recursos quando não observados os procedimentos estatuídos nas normas instrumentais. (AI 152.676- AgR, Rel. Min. Maurício Corrêa, julgamento em 15-9-1995, Primeira Turma, DJ de 3-11-1995)

Teríamos, então, pela construção jurisprudencial, que a obrigatoriedade da tentativa de negociação nas plataformas digitais não desbordaria dos princípios constitucionais, tendo de se dar amparo a tais julgados.

Há, ainda, toda a criação de um denominado tribunal multiportas, as Leis de Mediação e o novo Código de Processo Civil, além da Resolução nº

125/2010, que dispõem sobre uma nova forma de solução dos conflitos, por meio dos chamados métodos autocompositivos.

E a negociação, como se sabe, é a matriz desses métodos.

As ODRs estão amplamente previstas na nossa legislação e, como também é sabido, possuem caraterísticas diversas, com participação direta ou por meio de facilitadores.

4- A exigência da prévia negociação nas relações assimétricas e o direito à informação

Mas seria correto exigir a prévia tentativa de negociação nos conflitos de consumo, à luz da existência de plataformas oficiais, como consumidor. gov.br, e das previsões legais do código processual civil? E seria possível, em todos os conflitos, notadamente de consumo e familiar, exigir a solução negociada pelas partes sem o auxílio de terceiro imparcial, sob os auspícios da pacificação social e da existência de métodos autocompositivos, e sem a necessidade de amparo do advogado?

Seria até possível pensar nessa solução, pois a norma constitucional aponta a escolha das soluções pacíficas das controvérsias.

Mas o que fazer nas relações assimétricas, ou seja, quando há evidente desproporção técnica e econômica entre as partes? E o que faz a plataforma governamental de solução de conflitos?

Imagine-se que o consumidor busque a solução nessa plataforma e não tenha a menor ideia de seu direito, enquanto o fornecedor, por outro lado, possua a parametrização de todos os dados relativos ao conflito, como, por exemplo, o mínimo que pode ofertar para reparação de dano, as razões da jurisprudência para a obtenção desses valores, ou mesmo de mínimas ações a serem desenvolvidas na solução do conflito.

Ou, também, na área do Direito de Família, em um conflito como o relativo a alimentos, em que a parte requerente não possua qualquer informação dos rendimentos do alimentante, que tenha seus bens transferidos a uma instituição criada para o fim de desvinculação de patrimônio.

Pois bem, sem olvidar das soluções que as plataformas trouxeram e da sua importância, o que se discute neste trabalho é a obrigatoriedade de acessá-las, sem a intervenção estatal, sem o auxílio de facilitadores e advogados, antes de se utilizar da solução constitucional de amplo acesso à justiça.

Vejamos, para exemplificar, na página do *site* consumidor.gov.br, a resposta a duas perguntas[28]:

> 7. Como funciona o Consumidor.gov.br?
>
> Em síntese, funciona da seguinte forma:
>
> Primeiro, o consumidor deve verificar se a empresa contra a qual quer reclamar está cadastrada no sistema.
>
> O consumidor registra sua reclamação no site e, a partir daí, inicia-se a contagem do prazo para manifestação da empresa. Durante esse prazo, a empresa tem a oportunidade de interagir com o consumidor antes da postagem de sua resposta final.
>
> Após a manifestação da empresa, é garantida ao consumidor a chance de comentar a resposta recebida, classificar a demanda como Resolvida ou Não Resolvida, e ainda indicar seu nível de satisfação com o atendimento recebido.
>
> (...)
>
> 13. E se a reclamação não for resolvida?
>
> Caso a reclamação não seja resolvida nesta plataforma, o consumidor poderá recorrer diretamente aos canais tradicionais de atendimento presencial do Procon, ou ainda à Defensoria Públi-

---

28. Disponível em: https://www.consumidor.gov.br/pages/conteudo/publico/1. Acesso em 04 set. 2021.

ca, Ministério Público, Juizado Especial Cível, entre outros órgãos do Sistema Nacional de Defesa do Consumidor.

De forma individual, não está prevista nenhuma medida ou sanção direta à empresa que não resolver a reclamação do consumidor. Contudo, as informações registradas no banco de dados do sistema poderão subsidiar a adoção, em âmbito coletivo, de medidas necessárias à prevenção e repressão de condutas desleais e abusivas adotadas no mercado de consumo.

Já o artigo 6º, do Código de Defesa do Consumidor, dispõe:

> Art. 6º São direitos básicos do consumidor:
>
> (...)
>
> III – a informação adequada e clara sobre os diferentes produtos e serviços, com especificação correta de quantidade, características, composição, qualidade, tributos incidentes e preço, bem como sobre os riscos que apresentem;
>
> (...)
>
> VII – o acesso aos órgãos judiciários e administrativos com vistas à prevenção ou reparação de danos patrimoniais e morais, individuais, coletivos ou difusos, assegurada a proteção jurídica, administrativa e técnica aos necessitados;
>
> VIII – a facilitação da defesa de seus direitos, inclusive com a inversão do ônus da prova, a seu favor, no processo civil, quando, a critério do juiz, for verossímil a alegação ou quando for ele hipossuficiente, segundo as regras ordinárias de experiências;
>
> Parágrafo único. A informação de que trata o inciso III do *caput* deste artigo deve ser acessível à pessoa com deficiência, observado o disposto em regulamento.

Ora, dois aspectos se sobressaem: o direito à informação e a facilitação da defesa.

E, nesse ponto, retorna-se aos conflitos em que a assimetria é patente, notadamente as relações de consumo, nas quais consumidor é a parte hipossuficiente.

Entende-se que a pacificação seja uma meta social e, portanto, os métodos autocompositivos, como a negociação, a conciliação e mediação, os dois últimos com o auxílio de um facilitador, sejam privilegiados.

5- Os advogados e os mediadores nas relações assimétricas e a isonomia

Nas relações assimétricas, adiciona-se um outro componente a exigir a presença de dois elementos a interferirem nas relações e na solução dos conflitos, que são o mediador e o advogado.

Defende-se, portanto, a presença desses dois atores para garantir a isonomia das partes, princípio pétreo de nossa Constituição Federal.

Pois que a isonomia é, também, meta social e, por isso, princípio básico dos métodos adequados de distribuição da justiça.

E a isonomia se obriga fazer presente nos conflitos assimétricos, como são, ao menos, os de consumo e familiar, com a atuação do mediador e do advogado, por meio da observância do princípio da decisão informada.

Pois o cuidado do mediador com a assimetria das partes ou o desequilíbrio de poder é fundamental nessa relação. Partes poderosas podem induzir as menos favorecidas a silenciar, a aceitar acordos que não contemplem seus direitos, impondo-se a aplicação da denominada ética do cuidado.

Bruno Takahashi[29] aponta que:

> como a relação de poder é dinâmica, cabe ao conciliador estar

---
29. TAKAHASHI, Bruno. *Desequilíbrio de poder e conciliação*: o papel do conciliador em conflitos previdenciários. Brasília: Gazeta Jurídica, 2016, pp. 95 e 105.

atento aos diversos rumos que essa relação pode tomar durante o processo conciliatório. Deve estar ciente de que a sua presença e os atos que venha ou não a praticar também irão afetar a relação de poder entre as partes.

E, ainda, completa trazendo a noção de que:

> para que seja garantida a base adequada de poder, sobretudo em situações de notório desequilíbrio, salientou-se a importância da ação do conciliador, atuando de maneira dinâmica entre a proximidade e o distanciamento das partes. O limite dessa atuação é a percepção se as partes podem tomar uma decisão informada.

Por meio desse princípio, os envolvidos no conflito possuem o pleno direito de tomar decisões livres e conscientes sem qualquer temor, e jamais baseadas na ignorância do significado e das consequências das escolhas.

Mas, sem que exista a presença de um terceiro neutro no conflito – o mediador/conciliador – e sem o amparo do advogado, não se direciona o conflito para a solução baseada na decisão informada.

Decorre daí, portanto, a necessidade da presença de um facilitador na solução de conflitos em relações assimétricas, para possibilitar às partes exercerem o direito com respeito aos princípios da mediação.

E a decisão informada, à qual o facilitador conduz as partes, exige a presença de profissional que dê o suporte legal à manifestação do bem da vida, e esse profissional é o advogado.

Nesse ponto, retornamos ao conceito de acesso à justiça, como direito constitucional que não pode ser exercido de modo absoluto sem a presença do advogado, em qualquer dos métodos de solução dos conflitos.

Nesse sentido, o Supremo Tribunal Federal já decidiu[30]:

---
30. AO 1.531-AgR, voto da Rel. Min. Cármen Lúcia, julgamento em 3-6-2009, Plenário, DJE de 1º-7-2009.

A Constituição da República estabeleceu que o acesso à justiça e o direito de petição são direitos fundamentais (art. 5º, XXXIV, a, e XXXV), porém estes não garantem a quem não tenha capacidade postulatória litigar em juízo, ou seja, é vedado o exercício do direito de ação sem a presença de um advogado, considerado 'indispensável à administração da justiça' (art. 133 da CF e art. 1º da Lei 8.906/1994), com as ressalvas legais. (...) Incluem-se, ainda, no rol das exceções, as ações protocoladas nos juizados especiais cíveis, nas causas de valor até vinte salários mínimos (art. 9º da Lei 9.099/1995) e as ações trabalhistas (art. 791 da CLT), não fazendo parte dessa situação privilegiada a ação popular.

Conclui-se que a sociedade evolui, criando mecanismos de acesso à justiça, não desnaturando, entretanto, dos ideais de respeito à soberania, cidadania e dignidade da pessoa humana.

Não se pode impedir que as partes hipossuficientes possam escolher a porta mais adequada e sejam obrigadas a ingressar em plataformas de negociação, sem a presença de advogados e facilitadores.

Pois se a meta social é a igualdade perante a lei, sem distinção de qualquer natureza, impõe-se, para tais garantias constitucionais, a presença do facilitador e do advogado no mister da solução dos conflitos assimétricos, ao menos nas relações de consumo e nas relações familiares.

Nesse sentido, é imprescindível, nas relações com possibilidade de desvio de poder, quaisquer que sejam as plataformas de solução de conflitos e os meios escolhidos, a presença do mediador e do advogado, como componentes desse exercício da cidadania, por meio da solução justa e compatível com o Direito.

RESOLUÇÃO VIRTUAL DE DISPUTAS – RVD

Helena Ribeiro Tannus de Andrade Ribeiro e João Augusto Favery de Andrade Ribeiro

Dentre os diversos instrumentos colocados à disposição para a solução autocompositiva dos conflitos, a resolução virtual de disputas vem cativando cada vez mais seus participantes e se mostra um caminho muito propício.

O que era para ser estudado e implementado com parcimônia pelos tribunais de justiça do país foi antecipado como forma de não deixar o jurisdicionado à míngua de soluções pacíficas para suas demandas em tempos de pandemia e o método virtual, ao que parece, veio para ficar.

Imaginem-se partes distantes que antes eram obrigadas a perder um dia em trânsito para se dirigir ao fórum – viajando horas e horas e, por vezes, inutilmente, pois que o esgotamento físico e mental as impedia de formular um perfeito raciocínio –, serem apresentadas à solução virtual, na qual, no conforto de sua casa, podem acessar um programa e discutir suas necessidades em ambiente mais do que informal.

Essa é a grande e primeira vantagem do método virtual, que, aos poucos, com o domínio crescente da tecnologia, vai revolucionando a distribuição da justiça, por meio de uma forma mais participativa.

1- Evolução da participação popular no acesso à justiça

Há muito, o Judiciário vem se preocupando com um sentido mais amplo da democracia e da dignidade do cidadão, o que levou à edição da Resolução nº 125/2010, do Conselho Nacional de Justiça (CNJ), marco legal dos métodos adequados de solução de conflitos e do sistema multiportas.

E, ao criar um mecanismo legal que autorizava o cidadão a resolver suas disputas com a escolha do melhor lugar para isso, o CNJ lhe propiciou oportunidades de exercer a efetiva participação social na construção do nosso modelo de nação.

A preocupação com o acesso à justiça, no seu significado mais amplo, vem desde o século passado, com as chamadas ondas da plena distribuição da justiça.

Há, portanto, uma evolução gradual da participação popular na construção da justiça, entendendo o legislador que não bastava a existência de um poder institucionalizado para a sua distribuição, mas era necessário facilitar seu acesso.

Um dos grandes entraves era o custo de um processo. O legislador criou um mecanismo de facilitação, a assistência judiciária gratuita, por meio da Lei nº 1.060/50.

Por meio dessa lei, a declaração de hipossuficiência concedia ao cidadão o acesso ao processo sem despender recursos que lhe impediam de clamar pela justiça.

Mas isso não era suficiente. Era necessária uma destinação específica, um local onde situações do dia a dia pudessem ser solucionadas com a celeridade exigida, de modo a impedir a proliferação de conflitos que desaguariam na sociedade.

Assim, foram criados os Tribunais de Pequenas Causas, que logo restaram abarrotados, tão grande era a demanda pela solução de conflitos.

O processo continuava sendo um problema a impedir a participação popular na distribuição da justiça. Era, ainda, custoso e não raramente deixava de ter um significado maior.

A Constituição Federal trouxe a validação de antigos anseios, com as regras do consumidor, direitos sociais, do menor, dos idosos, da relação com o Estado.

E, em uma nova onda da justiça, possibilitou as ações coletivas e as ações civis públicas.

Assim, o cidadão poderia buscar o reconhecimento pleno de sua cidadania, por diversos meios, sempre amparado pela instituição do Poder Judiciário, definido como o guardião dos direitos.

Mas, antes de tudo, o legislador constituinte pensou um novo modelo de distribuição de justiça, por meio da participação popular, que está definido no preâmbulo e no artigo 4º, da Constituição Federal: a solução pacífica das controvérsias.

Como se tratava de uma norma aberta, entretanto, careceu, por muitos anos, de uma plena regulamentação e os cidadãos obrigaram-se a se servir do artigo 5º da mesma Constituição, que definiu o Judiciário como guardião da lei e da eventual ameaça ao direito.

E, assim, esquecendo-se da vocação pacífica de nossa legislação maior, a solução dos conflitos foi atribuída exclusivamente ao Poder Judiciário, a ponto de fazer com que, em poucos anos, a instituição restasse assoberbada de feitos a impedir plena distribuição da justiça.

Afinal, chegou-se a um ponto de tamanho congestionamento que se contavam mais de 100.000.000 de processos judiciais e, mais uma vez, exigia-se uma solução diversa.

A criação dos Juizados Especiais pretendia trazer a justiça célere às questões do dia a dia, de modo a prevenir situações que conduziriam a sociedade ao desalento inseguro, gerando litigiosidade.

Mas a demanda nesses tribunais chegou a um ponto de exaustão, tamanha a necessidade de se socorrer do único meio dito seguro de solução das controvérsias.

A insatisfação acometia o cidadão e o próprio Poder Judiciário, existindo a necessidade de uma premente solução.

Enquanto isso, buscavam-se experiências em novos procedimentos que envolvessem a autocomposição, pois já se pensava que a via judicial, com decisões verticalizadas, não contribuía totalmente para com a pacificação social.

Inúmeras soluções externas eram pensadas e não existia um consenso sobre como introduzi-las em nosso território, tramitando, por vários anos, projeto de lei de um método diverso que não a via judicial e a arbitragem, ambas heterocompositivas.

E a solução estava pronta, pensada pelo legislador constitucional, amparada por experiências vitoriosas em inúmeros países: a implantação de uma política pública que privilegiasse os métodos autocompositivos, de modo a retomar a índole pacifista de nosso povo.

A Resolução nº 125/2010, do Conselho Nacional de Justiça, nesse ponto, foi um marco legal a reintroduzir a autocomposição no nosso dia a dia, prevendo o chamado tribunal multiportas, a possibilitar que se escolha o método mais adequado para a solução dos conflitos.

A conciliação, que já integrava nossa legislação infraconstitucional, passou a ser incentivada juntamente com a mediação, necessitando da definição de alguns parâmetros para sua definitiva implantação no cenário nacional.

Nesse sentido, a Resolução nº 125/2010, do CNJ, definiu um tripé consistente em uma política pública de pacificação social, amparada na oferta de métodos adequados de solução de conflitos, criação de lugares para a prática da mediação e conciliação – os CEJUSCs (Centros Judiciários de Solução de Conflitos e Cidadania) – e a plena e contínua formação de terceiros facilitadores aptos a auxiliar as partes a desenvolver um diálogo de qualidade com soluções criativas para a solução dos conflitos.

E, ainda, a instituição de um programa de qualidade, com a constante avaliação da atuação dos facilitadores (mediadores e conciliadores). Com isso, criou-se um padrão de atuação, posteriormente referendado pela Lei de Mediação e pelo Código de Processo Civil.

A intenção dessa política pública está voltada para o pleno exercício da cidadania, com respeito à dignidade humana por meio da vocação pacífica de solução dos conflitos.

E, com isso, oportuniza-se em várias frentes o exercício dessa vocação, por meio de soluções que envolvam a sociedade, por meio individual ou coletivo – as mediações comunitárias e a justiça restaurativa.

Nesse passo, o Poder Judiciário não será mais a única fonte de solução de litígios, não perdendo, entretanto, sua vocação constitucional.

2- A resolução virtual de disputas no Judiciário

Dessa forma, chegamos ao ponto de reflexão principal deste artigo – a Resolução Virtual de Disputas (RVD).

Em síntese, a RVD é um meio de acesso à justiça, por meio do acionamento de programas ou plataformas em redes sociais nos quais a comunicação visual e verbal se assemelha ao modo presencial, possibilitando a manifestação dos interesses com o auxílio de um terceiro facilitador.

Embora seja magnífica a atuação nos CEJUSCs, ainda existem entraves para a plena realização dos ideais de participação popular na tomada de decisões envolvendo a solução dos conflitos.

O acesso a eles ainda está dificultado pela indisponibilidade total de locais de realização do seu mister. Há locais no país em que não há CEJUSCs. Tampouco a iniciativa privada, por meio de Câmaras Privadas, faz-se presente em todas as cidades.

O Judiciário prossegue como o local mais seguro, para a maioria das partes, para a solução das controvérsias.

As alterações da legislação processual obrigaram à realização de conciliações antes de partir para a solução adjudicatória dos conflitos. Ainda há um desconhecimento com relação às câmaras privadas e à mediação comunitária.

Algumas áreas ainda estão em fase incipiente, como a mediação escolar.

O fórum prossegue sendo a escolha, e a ida a esse local dotado de uma formalidade e rigidez comportamental nem sempre se traduz em acolhimento, impedindo a plena manifestação das necessidades não atendidas.

Há muito, o Judiciário pensa em se modernizar e ofertar a mediação e conciliação virtual, mas existe uma série de trâmites burocráticos a serem vencidos para tanto.

Enquanto isso, meios alternativos na iniciativa particular foram muito bem-sucedidos, como as ODRs (*online dispute resolutions*). Essa fórmula veio a ser adotada pelo Estado, por meio de plataformas de solução de conflitos como e-consumidor.

Empresas vêm se modernizando e implantando plataformas de negociação, além de setores como o denominado *compliance*.

Restava ao Judiciário implementar de modo mais drástico a solução de conflitos por meio virtual.

Com a crise provocada pela pandemia de Covid-19 e as medidas de isolamento impostas aos cidadãos, houve uma aceleração desse projeto e, finalmente, ganharam corpo as sessões virtuais de conciliação, que vieram para ficar.

E o que se tem verificado é uma crescente procura por esse método, que, aos poucos, vai se constituindo em uma preferência das partes e seus patronos.

Há, ainda, uma série de empecilhos que demonstram que os ambientes virtuais estão longe da perfeição.

A conexão ainda não está perfeita, muitas vezes o sinal das redes não funciona a contento, imagens e vozes são distorcidas e interrompidas.

Mediadores e partes nem sempre estão familiarizados com os programas de acesso ao ambiente virtual.

Essa era a grande preocupação que levara a se pensar a implantação mais paulatina e cuidadosa dos meios virtuais.

Todavia, agora está feito e esse meio chegou para ficar. Sua implantação imediata, a despeito de alguns pontos que levam a preocupações, foi mais do que benéfica.

As pessoas não necessitam mais se deslocar por longas distâncias para ter acesso às sessões. Hoje, inúmeras pessoas possuem um computador ou aparelho celular. Conforme artigo da Agência Brasil[31], 134 milhões de brasileiros possuem acesso à internet.

Tem-se visto nas sessões virtuais as pessoas se sentindo mais à vontade,

---

31. Disponível em: https://agenciabrasil.ebc.com.br/geral/noticia/2020-05/brasil-tem-134-milhoes-de-usuarios-de-internet-aponta-pesquisa. Acesso em 01 set. 2021.

longe da sisudez das audiências nos fóruns, onde posições e o receio de se perder a ação em um julgamento impediam a completa manifestação de sua pretensão, o que leva a crer que o caminho dos métodos autocompositivos encontrou um grande aliado no ambiente virtual.

E aqui estamos nos referindo às sessões virtuais dos tribunais, efetivadas nos CEJUSCs. O CEJUSC, como se sabe, é um lugar destacado do ambiente adjudicatório, justamente para que as partes estejam livres da aura de combate instaurado pelo processo.

Embora nas sessões presenciais se possa sentir as pessoas e estabelecer uma conexão maior, o que se aproxima da egrégora, as sessões virtuais não se afastam de modo tão radical da esperada conexão.

Os programas permitem que o facilitador tenha a visão conjunta de todos os participantes e eles também o tenham. Pode-se pedir às partes que estejam em uma posição na qual se veja todo o corpo, para que não se percam expressões não verbais.

A oralidade, todavia, é muito mais acentuada. As habilidades do mediador são mais exigidas, por isso.

Há um receio com relação à confidencialidade. As partes são alertadas para isso, durante a sessão.

Ocorre que, em um ambiente em que as partes não se esgotaram física e moralmente para chegar ao local da sessão, estão acomodadas em seus domínios, no seu lar, e sentindo-se protegidas e cobertas pela confidencialidade, há um maior espaço para a manifestação livre de suas necessidades e seus interesses.

E isso tem se verificado no ambiente virtual, não se desnaturando das expressões no meio presencial.

Esses dois fatores – vencimento das distâncias e proteção do local – parecem contribuir mais para a obtenção da justiça, por meio da participação plena das partes. São elas chamadas a manifestar suas necessidades. Possuem as partes o poder de definir seus princípios mais livremente.

O facilitador, utilizando-se das técnicas e ferramentas da mediação, pode contribuir para a construção de soluções diferentes daquelas que levaram ao litígio.

Outro fator em que se tem visto uma melhora diz respeito ao tempo para a reunião. Com atividades diversas de cada parte, localização por vezes incompatível, as reuniões presenciais nem sempre são possíveis e o conflito vai tomando contornos mais graves a distanciar as partes e suas pretensões.

A sessão virtual permite encurtar esse tempo e contribui para evitar o acirramento do conflito.

3- A advocacia prática moderna e eficaz

A Resolução Virtual de Disputas – RVD tornou-se uma eficiente ferramenta para a advocacia, na medida em que permite ao advogado o pleno exercício de suas habilidades de negociação, possibilitando a inclusão de seus clientes.

Ora, o advogado também sofre as agruras de uma justiça ineficiente, seja pela demora na tramitação dos processos ou pela ausência de uma plena atuação.

Esse profissional, protegido juntamente com seu cliente, no santuário de seu escritório, vê nas sessões virtuais, um campo imenso para exercer com efetividade seu papel social de orientador e operador do Direito e da justiça. Afinal, no ambiente virtual, pode estar com o cliente, com calma e em condições favoráveis.

O advogado não precisa mais se esbaforir para conseguir chegar aos fóruns e participar de audiências em locais diversos, bastando acessar programas para se fazer presente.

Não necessita mais do estressante modelo em que buscava o seu cliente perdido nos andares do prédio judiciário, despendendo tempo e energia que poderiam ser mais bem direcionados. Parece pouco, mas é fundamental.

Quantas vezes nos deparávamos com patronos estressados que possuíam 30 minutos, por exemplo, para resolver um conflito, pois logo deveriam estar em outro fórum para participar de outra defesa e acabava por se desperdiçar um diálogo.

Quanto se ganha em efetividade! O profissional pode ter um contato mais prolongado com o cliente e resolver de imediato, por meio da conciliação, pelo método virtual, o conflito.

Sua atuação é mais sentida. Sua participação como operador do Direito também; o respeito da profissão e do profissional, ainda mais.

A advocacia tem somente a ganhar com a mediação, e a escolha do método virtual facilita sua atuação, tornando-a mais serena e mais segura, podendo consultar seu cliente e, juntos, formular respostas mais criativas.

A resolução eficaz do conflito, por meio da tramitação mais célere do processo, traz confiança, credibilidade e reconhecimento da clientela.

A modernização da atuação do profissional, com a ajuda da resolução virtual de disputas, faz-se sentir, também, na mudança dos pontos de vista dos assistidos, que passam a se encantar com essa forma de solução das controvérsias.

A praticidade de entrar em um programa ou plataforma e, em cerca de uma hora, alcançar uma solução para a demanda, faz do advogado um profissional essencial para a distribuição da justiça.

São situações, portanto, que permitem aos diretamente envolvidos no conflito e seus patronos exercer seu direito de participar mais efetivamente das decisões de suas vidas.

Isso significa possibilitar o pleno exercício da cidadania, com dignidade e poder de decisão.

Todas as demais técnicas e ferramentas da mediação, assim como os princípios básicos estatuídos na Lei de Mediação, no Código de Processo Civil e que foram idealizados na Resolução nº 125/2010, do CNJ, estão presentes no meio virtual.

Isso conduz a entender que o meio veio para se tornar cada vez mais eficaz para a solução adequada de conflitos, de modo a se constituir em um incremento nesse método adequado de sua resolução.

A resolução virtual de disputas parece, assim, amoldar-se aos requisitos da moderna solução do conflito e o método parece se compatibilizar com os ditames da maior e mais adequada participação popular na distribuição da justiça.

NOVOS RUMOS NOS DEZ ANOS DA RESOLUÇÃO Nº 125/2010 DO CONSELHO NACIONAL DE JUSTIÇA

Helena Ribeiro Tannus de Andrade Ribeiro
e João Augusto Favery de Andrade Ribeiro

A Resolução nº 125/2010, do CNJ completou dez anos de vida no final de 2020, com alterações profundas na atuação dos operadores do Direito e na distribuição da justiça.

Há que se reportar, inicialmente, a drástica modificação conceitual do significado de justiça e sua distribuição, passando a se afastar daquela noção referente à exclusiva atividade do Judiciário na solução de demandas para abranger a solução dos conflitos pelos meios adequados e pelo maior envolvimento dos protagonistas.

A Resolução nº 125/2010, ainda, ampliou a capacidade de prestação jurisdicional, diversificando canais de solução de conflito e, principalmente, compartilhando a responsabilidade social.

1- As mudanças trazidas pela Resolução nº 125/2010

A grande modificação trazida, portanto, refere-se aos aspectos da satisfação do usuário e da concessão de uma ordem jurídica justa, por meio de um sistema denominado multiportas, conferindo uma maior participação do público-alvo, tal qual a disposição expressa da Constituição Federal.

Verifica-se, desde o preâmbulo da carta constitucional, assim como nos seus artigos, a tendência de se pacificar nossa população e não somente entregar uma prestação incisiva do Estado a trazer soluções que as partes poderiam por si obter.

A Resolução nº 125/2010, do CNJ, portanto, é um marco legal e, mais do que isso, um ponto de mudança na obtenção do denominado bem da vida por meio da participação efetiva dos envolvidos que, juntos, cooperam para a solução mais justa.

Ela nos trouxe uma política pública efetiva de solução de conflitos.

Passados dez anos, verifica-se a lei em constante aprimoramento, com a efetivação de seus princípios básicos, que se deu em várias frentes, notadamente a promulgação da Lei de Mediação (nº 13.140/2015) e do novo Código de Processo Civil (Lei nº 13.105/2015), que trouxeram os regramentos para a necessária segurança da escolha dos meios adequados à solução de conflitos.

A Resolução nº 125/2010, do CNJ, é o marco legal do sistema multiportas e estipulou uma política pública nacional de solução adequada de conflitos.

Há, assim, uma revolução nos meios de solução de conflitos, com ênfase na mediação, conciliação e arbitragem, tudo a complementar a atuação estatal com vistas à distribuição da justiça.

Essa distribuição tem origem em um pressuposto básico da nossa Constituição de 1988, que é o exercício pleno da cidadania com o necessário respeito à dignidade humana. Pois nada faria sentido se a plena cidadania não estivesse em uma posição de destaque.

Por esse motivo – e como consequência da Resolução nº 125/2010, do CNJ, o Judiciário mudou, destacando de sua atuação da jurisdição um local em que as pessoas possam ser recebidas como protagonistas que são e obter meios de solução mais célere dos conflitos trazidos a apreciação.

Como anota Valeria Lagrasta[32],

> a Política Judiciária Nacional, prevista na Resolução CNJ nº 125/2010, do Conselho Nacional de Justiça, se estrutura como um tripé, tendo no topo o Conselho Nacional de Justiça, com algumas atribuições de nível nacional; abaixo deste, os Núcleos Permanentes de Métodos Consensuais de Solução de Conflitos (NUPEMESCs) de cada Tribunal, responsáveis pela implementação da Política Pública no âmbito dos estados e pela instalação e fiscalização dos Centros Judiciários de Solução de Conflitos (CEJUSCs), que são as células de funcionamento da Política Pública, nas quais atuam os grandes responsáveis pelo sucesso da mesma, suas "peças-chave", que são os conciliadores, mediadores e demais facilitadores de solução de conflitos, bem como servidores do Judiciário, aos quais cabe a triagem dos casos e orientação dos jurisdicionados.

Há um porquê da instalação desses centros denominados CEJUSCs. São o local em que as partes podem resolver seus conflitos em um ambiente neutro, destacado do Judiciário, onde se aplicam os princípios da mediação, notadamente a voluntariedade, a validação dos sentimentos, o sigilo e a confidencialidade, não havendo comunicação dos atos com o que se denominava processo de conhecimento.

E, no escopo dessa política pública nacional, há grande ênfase a esses meios no âmbito judicial e extrajudicial. Nesse sentido, a mediação extrajudicial, também prevista na Lei de Mediação, atende a uma política pública de pacificação social e tratamento adequado dos conflitos.

Assim, cria-se um sistema em que as partes podem convergir seus princípios, interesses e necessidades de modo a obter, por meio de sua participação e empoderamento, a efetivação da justiça. Isso é exercício puro da cidadania.

---

32. LAGRASTA, Valeria Ferioli (Coord.). *Guia Prático de funcionamento do CEJUSC*. São Paulo: IPAM, 2016, p.15.

Não são somente os conflitos que interessam à Resolução nº 125/2010, mas o próprio exercício pleno dessa cidadania, com o necessário conhecimento dos direitos e da forma de obtê-los com justiça, objetividade e celeridade.

Assim, os CEJUSCs também contribuem para essa pacificação, por meio das ações de cidadania, que podem ser a simples orientação para a obtenção de um documento, até o auxílio na busca de uma das portas para a obtenção da mais adequada solução do conflito ou mesmo a sua prevenção.

Evidentemente, quando se cogita dessa mudança, verdadeira revolução do Direito, não se pode negar a importância de uma base sólida para que sejam fincados os pilares desse exercício.

Vale dizer que um sistema ou uma política pública não nascem de um dia para o outro, tampouco se aplicam sem a participação de toda a sociedade e, nesse sentido, outros atores e ações são de suma importância.

Há que se disseminar a política de pacificação, portanto, nas escolas e faculdades, o que já desaguou na modificação do currículo do curso de Direito, incluindo a mediação e conciliação nas grades curriculares e a participação de universidades na formação e atuação de estudantes conciliadores nos Juizados Especiais; há que se trazer para esse modelo os sindicatos, as associações de classe e, principalmente, por estar ligada ao conceito de justiça, a Ordem dos Advogados do Brasil; há que se capacitar árbitros, conciliadores e mediadores (nesse sentido, o CNJ vem formando, há anos, mediadores, conciliadores, instrutores de mediação e conciliação, de oficinas de parentalidade e cidadania); há que se legislar a respeito desses novos métodos.

O Código de Processo Civil, derivando dos princípios da Resolução nº 125/2010, previu uma série de medidas visando à modificação de cultura e à adesão aos meios adequados de solução de conflitos: já no artigo 1º, o CPC adota como fonte a Constituição Federal; no art. 6º, há um fundamental meio de modificação de cultura com a obrigação de colaboração entre as partes.

Mas é no artigo 190 que o CPC, adotando o espírito da Resolução nº 125/2010, traz a mais importante inovação e contribuição para a solução adequada dos conflitos, ao instituir o negócio jurídico processual. Vejamos a redação:

> Art. 190. Versando o processo sobre direitos que admitam autocomposição, é lícito às partes plenamente capazes estipular mudanças no procedimento para ajustá-lo às especificidades da causa e convencionar sobre os seus ônus, poderes, faculdades e deveres processuais, antes ou durante o processo.

E o CPC vai além, empoderando as partes e dispondo sobre a intervenção estatal apenas para os casos de nulidade ou de inserção abusiva em contrato de adesão ou em que alguma parte se encontre em manifesta situação de vulnerabilidade.

Vê-se, portanto, que a lei possibilitou às partes a escolha do caminho mais célere e adequado e, mesmo quando a solução escolhida foi a adjudicatória, há a possibilidade de, em comum acordo, estipular os procedimentos a serem adotados.

Outra mudança trazida pela Resolução nº 125/2010, do CNJ, foi a realização de atos por meios virtuais:

> Art. 5º O programa será implementado com a participação de rede constituída por todos os órgãos do Poder Judiciário e por entidades públicas e privadas parceiras, inclusive universidades e instituições de ensino.
>
> Art. 6º Para desenvolvimento dessa rede, caberá ao CNJ:
>
> (...)

X – criar Sistema de Mediação e Conciliação Digital ou a distância para atuação pré-processual de conflitos e, havendo adesão formal de cada Tribunal de Justiça ou Tribunal Regional Federal, para atuação em demandas em curso, nos termos do art. 334, § 7º, do Novo Código de Processo Civil e do art. 46 da Lei de Mediação;

O CPC adotou o modelo da Resolução nº 125/2010 e dispôs sobre os atos processuais, incluindo a conciliação e mediação, de modo digital.

Art. 193. Os atos processuais podem ser total ou parcialmente digitais, de forma a permitir que sejam produzidos, comunicados, armazenados e validados por meio eletrônico, na forma da lei.

Com o advento da pandemia de Covid-19 e das necessárias medidas de isolamento social, o ambiente virtual, que já era utilizado na iniciativa privada e no Judiciário, passou a ser caminho corriqueiro, daí se cogitar da solução de disputas no ambiente virtual – importando-se a ODR (*online dispute resolution*), largamente empregada em outros países.

O uso das plataformas digitais trouxe uma série de discussões, inclusive a preocupação ética, quando entabulados acordos fora do ambiente seguro do Judiciário, e a operacionalização desse procedimento no amparo estatal frente à dificuldade econômica e técnica de grande parte da população.

Em relação a esse aspecto, surgem questões que exigirão, como aponta a magistrada Valeria Lagrasta, soluções criativas.

2- Propostas de soluções para a maior efetivação da Resolução nº 125/2010, do CNJ

Como exercer o empoderamento que a Resolução nº 125/2010, do CNJ, trouxe em seu bojo, senão com uma série de soluções criativas e voltadas para o valor máximo da Constituição, que é a dignidade humana?

Os receios que se têm experimentado referem-se à assimetria entre aqueles que estão preparados técnica e financeiramente e grande parte da população, que não dispõe de recursos mínimos de sobrevivência.

Assim como a primeira onda da facilitação ao acesso à justiça foi a assistência judiciária gratuita, a história recente faz retornar esse dilema de atendimento aos mais necessitados que, no nosso país, representam grande parte da população.

Então, a questão que se coloca é como amparar e empoderar essa população e, ao mesmo tempo, pacificá-la. Como trazer a ela o exercício da cidadania.

E empoderamento, na fase atual, significa inserir essa população nos meios virtuais, dotar essa população de informações (princípio da decisão informada), evitar a assimetria no tratamento de questões, notadamente as consumeristas, sempre preservando a busca da pacificação social.

E não somente esse grupo dito menos favorecido, mas estendendo a todos que buscam soluções negociadas na autocomposição.

Não há razão para se pensar que o CEJUSC seja apenas um lugar para se fazer audiências de conciliação e mediação, quando no próprio nome e em seu objetivo previsto na Resolução nº 125/2010 está fixado o pleno exercício da cidadania.

Tem-se, portanto, que, com uma série de medidas adotadas com a aplicação do art. 6º do CPC – para a colaboração de todos os envolvidos no conflito –, será mais viável a almejada pacificação social.

Este artigo traz ideias que podem ser consideradas utópicas, por que não, mas a conciliação e a mediação também foram tomadas como tal e nem por isso foram extirpadas de nossa legislação. Ao contrário, são cada vez mais utilizadas.

Algumas medidas simples que podem ser implementadas e desenvolvidas serão discorridas adiante:

- Implementação, em todos os CEJUSCs e em larga escala, do setor de Cidadania, orientando o cidadão a resolver problemas simples, com a participação de todos os operadores do Direito.

    Como obter uma certidão imobiliária; como obter autorização para viagem; como iniciar um inventário; como requerer a aposentadoria ou o auxílio-doença; como obter carteira de trabalho e recolher para a previdência; como regularizar um imóvel...

- Realização de mutirões específicos – habitação, água, luz, empresas, consumidor, pandemia – com participação dos órgãos públicos e empresas, com sessões de conciliação e cidadania.

    Em um mutirão desse tipo, o setor de Cidadania orienta sobre consumo responsável de água, energia, gás, traz noções de economia doméstica, informa onde reclamar falta de luz, como solicitar uma ligação etc. No de habitação, como obter o financiamento, o que é renda familiar, como manter o imóvel, como solicitar uma revisão contratual ou medidas para evitar a inadimplência. Nesses e no mutirão de consumo e financiamentos bancários, com a ajuda da Bolsa de Valores, pode-se trazer noções de finanças e como cuidar da saúde financeira.

- Realização de mutirões de planos de saúde e endividamento.

    Em cooperação com as empresas, trazer noções de saúde familiar, saúde da mulher, exames regulares, prevenção e vacinação, amamentação e cuidados com menores. Na área de endividamento, trazer noções de saúde financeira e orientações de finanças.

- Nas demais sessões de mediação e conciliação, manter, com a ajuda das universidades, setor de orientação sobre os temas envolvidos.

Estudantes de graduação, orientados por professores e estudantes da pós-graduação, auxiliando as partes com noções básicas de questões envolvendo direito, economia, administração, assistência social, como forma, também, de inserir a universidade na noção de sociedade, comunidade e bem comum.

- Nas ações de família, trazer a advocacia colaborativa.

  Abrindo aos mediandos a possibilidade de conversar com um advogado, um psicólogo, uma assistente social, um profissional da área de finanças e, antes de se iniciar o processo efetivamente, convocar as partes para comparecerem nas Oficinas de Parentalidade – inserindo esse trabalho como etapa do processo.

  Atualmente, também são aplicadas sessões de constelação, que podem ser prestigiadas.

- Firmar convênio com a OAB para que ela preste assistência às partes que comparecerem sem advogado, aqueles que não estão na faixa atendida pela Defensoria Pública, atuando como *ad hoc*. Criar, em conjunto com a OAB, um Espaço do Advogado.

  Há uma faixa da população que não é assistida pela Defensoria e também não possui plenas condições de contratação de advogados e que comparece aos CEJUSCs sem a devida orientação. Disso decorre que o campo de trabalho do advogado, nessa nova configuração, é infinito. Ele auxiliará as partes a encontrar o método mais adequado para a solução de seu conflito; auxiliará as partes quando escolherem o método; auxiliará no entendimento do conflito; trará a informação necessária para se escolher o melhor meio e, nele inserido, a melhor forma de contribuir para se obter uma solução justa a ambas as partes, podendo trabalhar em *startups* que analisem eventual sucesso em demandas (inteligência tática/advocacia resolutiva), ou na formulação de atendimento e respostas em *chats*, de modo a humanizar esse meio de resposta às demandas.

Mais do que um meio novo e atrativo para o momento, as ODRs, são um caminho para o desenvolvimento da advocacia, como instituição indispensável à administração da justiça.

Algumas dessas *startups* criam uma espécie de banco de dados de advogados, de acordo com seu serviço. Ou seja, mostra-se uma nova forma de trazer o advogado ao mercado de trabalho.

Anualmente, a Ordem edita chamado para atuação na assistência judiciária, mas na parte contenciosa. Poder-se-ia fazer uma chamada para a atuação na mediação e conciliação aproveitando as ODRs, possibilitando, também, o respeito ao artigo 133 da Constituição Federal e disposições do Conselho da Ordem, no sentido de exigência de advogado nesses meios de solução de conflitos.

E a OAB por meio da ESA (Escola Superior da Advocacia) firmou parceria com o CNJ para ministrar cursos de mediação para a formação de advogados.

- Inserir na programação de mídia do Tribunal, que já vem sendo utilizada nos CEJUSCs, noções de mediação e a conciliação como estímulos aos meios adequados de solução de conflitos.

  Rápidas tomadas apontando as situações de conflito e a possibilidade de solução de negociação assistida.

- Estimular a solução dos conflitos pelos meios eletrônicos, firmando convênios, de modo a trazer a essa grande parte da população a inclusão digital.

  Nesse aspecto, firmar grandes parcerias com empresas de informática e comunicação e as entidades de classe e associações, de modo a criar espaços e condições para o uso das ferramentas necessárias às ODRs por toda a população.

Todas essas pequenas ideias que, em alguma escala, já vêm sendo implementadas pelos Tribunais, a despeito de parecerem utópicas, estão inseridas em uma previsão ampla contida na Resolução n° 125/2010.

Vejamos algumas disposições:

> CONSIDERANDO que, por isso, cabe ao Judiciário estabelecer política pública de tratamento adequado dos problemas jurídicos e dos conflitos de interesses, que ocorrem em larga e crescente escala na sociedade, **de forma a organizar, em âmbito nacional, não somente os serviços prestados nos processos judiciais, como também os que possam sê-lo mediante outros mecanismos de solução de conflitos**, em especial dos consensuais, como a mediação e a conciliação;
>
> Art. 1° Fica instituída a Política Judiciária Nacional de tratamento dos conflitos de interesses, **tendente a assegurar a todos o direito à solução dos conflitos por meios adequados à sua natureza e peculiaridade.**
>
> Parágrafo único. Aos órgãos judiciários incumbe, nos termos do art. 334 do Novo Código de Processo Civil combinado com o art. 27 da Lei de Mediação, antes da solução adjudicada mediante sentença, **oferecer outros mecanismos de soluções de controvérsias, em especial os chamados meios consensuais, como a mediação e a conciliação, bem assim prestar atendimento e orientação ao cidadão.**
>
> (...)
>
> Art. 3° **O CNJ auxiliará os tribunais na organização dos serviços mencionados no art. 1°, podendo ser firmadas parcerias com entidades públicas e privadas**, em especial quanto à capacitação de mediadores e conciliadores, seu credenciamento, nos termos do art. 167, § 3°, do Novo Código de Processo Civil, e à realização de mediações e conciliações, na forma do art. 334, dessa lei.

Por fim, a constante formação de mediadores e a implantação de um extenso programa de difusão da mediação e da conciliação na sociedade, aliadas às medidas acima, seriam de grande valia para a solução pacífica dos conflitos.

A Resolução nº 125/2010, do CNJ, que completou 10 anos em 2020, trouxe uma variedade de experiências e de soluções para a adequação dos meios de solução dos conflitos, afastando a noção de que o Estado Juiz, com a rigidez processual, seja o único meio de obter a justiça e, mais importante, demonstrando que sua distribuição pode ser feita pela sociedade, por meios adequados e com o mesmo respeito à cidadania e à dignidade humana.

A NOVA ATUAÇÃO DO ADVOGADO E A MEDIAÇÃO NO AMBIENTE VIRTUAL – ASPECTOS LEGAIS, TÉCNICOS E ÉTICOS

Helena Ribeiro Tannus de Andrade Ribeiro
e João Augusto Favery de Andrade Ribeiro

As atividades humanas evoluem ao longo do tempo de acordo com as necessidades e experiências vivenciadas. Com as profissões ocorre o mesmo.

E o Direito, como ciência, também sofreu e sofrerá inúmeras evoluções de acordo com os anseios da sociedade e a busca dos seus operadores, pelo que Tomás de Aquino[33], há muito, denominava bem ou finalidade.

Com o advogado, operador do Direito que é, não será diferente.

E os novos tempos trazem, no horizonte, a formação do advogado voltada para vários aspectos, dos quais se pretende destacar, neste estudo, os relacionados à técnica e à ética, nas mediações virtuais.

1- O novo currículo de formação do curso de Direito

Por meio do Parecer homologado na Portaria n° 1.351, publicada no D.O.U. de 17/12/2018, Seção 1, Pág. 34, o Ministério da Educação e o Conselho Nacional de Educação aprovaram as Novas Diretrizes Curriculares Nacionais do Curso de Graduação em Direito (Processo n° 23001.000020/2015-61 / Parecer CNE/CES N° 635/2018 / Colegiado: CES / Aprovado em: 4/10/2018, estabelecendo as formas consensuais de solução

---
33. AQUINO, São Tomás. *Suma Contra os Gentios*. Coleção Os Pensadores. São Paulo: Abril, 2004, p. 129-131.

de conflitos como disciplinas da mediação e conciliação como conteúdo da organização curricular).[34]

Isso decorre de antiga lição de Kazuo Watanabe[35]:

> Os conflitos de interesses, e não apenas os mecanismos de sua solução, devem ser objeto de estudo da ciência processual, pois a adequação dos meios de solução depende do conhecimento de sua natureza e de todas as peculiaridades quanto ao objeto, pessoas, motivos, tempo de duração, contexto social e outros aspectos mais.

2- A atuação da Ordem dos Advogados do Brasil – OAB, na nova perspectiva profissional do operador do Direito

Inserida essa alteração na formação do advogado, há que se colocar em prática essa nova perspectiva profissional, o que vem recebendo a atenção da Ordem dos Advogados do Brasil, por meio de constituição de Comissão Especial da Advocacia na Mediação e na qual foi inserido o tema da formação do advogado nos meios consensuais de solução de conflitos.

Nessa Comissão, existe um estudo da inserção do advogado nas novas técnicas de mediação, dentre elas a que se faz no ambiente virtual, as denominadas ODRs (*online dispute resolutions*).

3- Os procedimentos virtuais de solução de conflitos e as ODRs

Note-se que o procedimento adjudicatório concebido no novo Código de Processo Civil vem sofrendo alterações para modernizar os meios de

---

34. Disponível em http://portal.mec.gov.br/docman/outubro-2018-pdf-1/100131-pces635-18/file. Acesso em 05 set. 2021.

35. WATANABE, Kazuo. A política judiciária nacional de tratamento adequado dos conflitos. *In*: TOLEDO, Armando Sérgio Prado de; TOSTA, Jorge; ALVES, José Carlos Ferreira (Orgs.). *Estudos Avançados de Mediação e Arbitragem*. Rio de Janeiro: Elsevier, 2014, p. 2.

acesso à justiça, seja pelo peticionamento eletrônico, seja pelas videoconferências e, a partir da pandemia de Covid-19, pela realização de audiências virtuais.

No ambiente da solução adequada de disputas não é diferente.

Câmaras de Mediação e Arbitragem já vêm, há anos, realizando mediações por meio virtual e, agora, estão se difundindo as ODRs, trazidas de experiências externas que, como nos trazem Camila Rosa e Mayara Guibor Spaler[36], significam a resolução on-line de controvérsias. Recomenda-se, para aprofundamento do tema ODR, a leitura do artigo dessas autoras.

A ODR é meio de solução de disputas realizada on-line, portanto, por meios eletrônicos, via de regra efetivados em plataformas digitais de solução de conflitos, permitindo e estimulando a interação entre duas partes ou usuários para solucionar problemas comuns. É um meio tecnológico de solução de conflitos definido nas legislações do Conselho Nacional de Justiça e nas normas procedimentais do Código de Processo Civil.

O inciso X, do art. 6º, da Resolução nº 125/2010, do CNJ, em sua Emenda nº 2, criou um Sistema de Mediação e Conciliação Digital ou a distância para atuação pré-processual de conflitos, havendo adesão formal de cada Tribunal de Justiça ou Tribunal Regional Federal, para atuação em demandas em curso, nos termos do art. 334, § 7º, do Novo Código de Processo Civil e do art. 46 da Lei de Mediação.

Igualmente, a Lei de Mediação prevê a mediação via internet ou outro meio de comunicação que permita a transação a distância.

O Código de Processo Civil estatui esse meio de solução de disputas nos artigos 193 a 198.

---

36. ROSA, Camila; SPALER, Mayara Guibor. Experiências privadas de ODR no Brasil. In: *Revista Jurídica da Escola Superior de Advocacia da OAB-PR*, ano 3, n. 3 – dez 2018. Disponível em http://revistajuridica.esa.oabpr.org.br/experiencias-privadas-de-odr-no-brasil/. Acesso em 05 set. 2021.

O Novo Código Processual trouxe uma preocupação com o respeito e a vinculação dos atos e normas à Constituição Federal e a preferência do legislador constituinte pelos métodos adequados de solução de conflitos, estando ressaltado em nossa legislação constitucional o dever de colaboração de todos.

Portanto, na nova formação do operador do Direito, a par da sua inclusão nos métodos adequados de solução de conflitos, impõe-se sua inserção na tecnologia, em ambientes virtuais, sugerindo novas condutas técnicas e éticas.

4- O aspecto legal de validade das soluções virtuais de disputas

O grande receio existente na escolha desse meio de solução de disputas consiste na garantia e segurança jurídica.

Pois bem, a Emenda Constitucional nº 32/2001, além de criar a certificação digital, legalizou o uso dos meios eletrônicos de negócios jurídicos entre as partes, apontando, no artigo 10 da MP nº 2.200-2/2001, que foi o primeiro documento a esse respeito em que se consideram documentos públicos ou particulares, para todos os fins legais, os documentos eletrônicos de que trata esta medida provisória.

Eis a norma:

> Art. 10. Consideram-se documentos públicos ou particulares, para todos os fins legais, os documentos eletrônicos de que trata esta Medida Provisória.
>
> § 1º As declarações constantes dos documentos em forma eletrônica produzidos com a utilização de processo de certificação disponibilizado pela ICP-Brasil presumem-se verdadeiros em

relação aos signatários, na forma do art. 131 da Lei nº 3.071, de 1o de janeiro de 1916 - Código Civil.

§ 2º O disposto nesta Medida Provisória não obsta a utilização de outro meio de comprovação da autoria e integridade de documentos em forma eletrônica, inclusive os que utilizem certificados não emitidos pela ICP-Brasil, desde que admitido pelas partes como válido ou aceito pela pessoa a quem for oposto o documento. (*grifo nosso*)

O novo Código de Processo Civil dispôs, também, no artigo 190, sobre os negócios jurídicos processuais que conferem às partes o direito de interceder no procedimento, nas hipóteses em que a matéria discutida admitir autocomposição.

Ainda, para conferir a exequibilidade, o CPC reconhece os meios eletrônicos:

Art. 784. São títulos executivos extrajudiciais:

(...)

III - **o documento particular assinado pelo devedor e por 2 (duas) testemunhas;**

IV - **o instrumento de transação** referendado pelo Ministério Público, pela Defensoria Pública, pela Advocacia Pública, pelos advogados dos transatores ou por conciliador ou mediador credenciado por tribunal; (*grifo nosso*).

XII - todos os demais títulos aos quais, por disposição expressa, a lei atribuir força executiva.

E disso advém, ainda, da prática eletrônica dos atos processuais com todos os efeitos decorrentes da lei:

Da Prática Eletrônica de Atos Processuais

Art. 193. Os atos processuais podem ser total ou parcialmente

> digitais, de forma a permitir que sejam produzidos, comunicados, armazenados e validados por meio eletrônico, na forma da lei.
>
> (...)
>
> Art. 196. Compete ao Conselho Nacional de Justiça e, supletivamente, aos tribunais, regulamentar a prática e a comunicação oficial de atos processuais por meio eletrônico e velar pela compatibilidade dos sistemas, disciplinando a incorporação progressiva de novos avanços tecnológicos e editando, para esse fim, os atos que forem necessários, respeitadas as normas fundamentais deste Código.
>
> (...)
>
> **Seção III**
>
> **Dos Atos das Partes**
>
> Art. 200. Os atos das partes consistentes em declarações unilaterais ou bilaterais de vontade produzem imediatamente a constituição, modificação ou extinção de direitos processuais.

Como consequência, o advogado, assim como os demais operadores do Direito, pode referendar os acordos e negócios envolvendo solução de disputas, dotando-os de validade como títulos executivos.

Nesse aspecto, está mais do que reforçado o artigo 133 da Constituição Federal que torna o advogado indispensável para a administração da justiça.

A solução de disputas pelos meios eletrônicos está prevista, finalmente, na Lei de Mediações (Lei nº 13.140/2015).

> Art. 46. A mediação poderá ser feita pela internet ou por outro meio de comunicação que permita a transação à distância, desde que as partes estejam de acordo.

5- O aspecto técnico das mediações on-line – ODR

Inúmeros meios vêm sendo utilizados para que as mediações se façam no ambiente virtual, sendo prática comum em algumas câmaras privadas, em vários sistemas de relacionamento cliente-fornecedor e, agora, pelo Judiciário.

A pandemia de Covid-19 obrigou à busca de novos caminhos para a interação das pessoas e, por isso, as negociações em ambientes virtuais sofreram uma verdadeira explosão.

Há dados de pesquisas que apontam que, desde março de 2020, milhares de pessoas ingressaram no ambiente virtual, fazendo compras, obtendo produtos e serviços, em uma mudança drástica das relações negociais.

A existência de conflitos é inevitável. E a solução no ambiente virtual, idem.

O advogado sempre será fundamental para auxiliar as partes envolvidas no conflito a buscar o melhor caminho dentre os métodos adequados de solução dos conflitos.

Quando o advogado elege o meio conciliatório e o ambiente virtual, pelas ODRs, além de sua formação jurídica, faz-se necessário dominar o uso de ferramentas digitais e, portanto, o conhecimento técnico, para que possa informar as partes das peculiaridades desse procedimento.

Em linhas gerais, as partes devem ser orientadas a respeito dos requisitos técnicos para que possam participar de sessões de mediação nesse ambiente virtual. Devem possuir maquinário que o permita, ou seja, um computador com acesso à internet, um telefone móvel *smartphone* com esse acesso específico.

A parte e o advogado devem estar familiarizados com o aplicativo escolhido – WhatsApp, Zoom, Google, Microsoft Teams ou outro. Ou seja, o usuário deve saber como acessar o sistema, como fazer para se comunicar, quando deve permanecer visível, com o som ligado e imagem na tela, a quem deve se dirigir e quando poderá fazê-lo.

Antes de mais nada, há que se pensar em um 'plano B', caso a comunicação virtual escolhida sofra solução de continuidade. Assim, caso um sistema não funcione, o advogado deve ter combinado com as partes e o mediador a utilização de outro meio de comunicação e realização da sessão.

A mediação possui regras. Algumas delas serão expostas pelo mediador on-line. Mas cabe ao advogado explicar o comportamento das partes, a tomada de decisões e o que esperar da sessão. Aliás, antes mesmo de ingressar nesse procedimento, o advogado deve esclarecer às partes quais são os meios mais adequados para realizar a negociação ou solucionar o conflito.

A escolha do meio adequado, no chamado sistema multiportas, compete à parte, devidamente informada e orientada pelo seu advogado.

Optar pelo meio virtual (no caso, a ODR) depende da plena possibilidade de a parte e seu advogado atuarem nesse ambiente, dominando os recursos técnicos.

Então, torna-se evidente que tanto o advogado como a parte devem treinar várias vezes a utilização do sistema escolhido. Ninguém pode ser surpreendido com um procedimento e esse requisito também será verificado pelo conciliador e mediador antes de se iniciar a sessão.

As sessões no Judiciário são precedidas de comunicação escrita convidando as partes e seus advogados para a sessão. Nessa comunicação eletrônica (que pode ser via *e-mail*), é trazido um atalho para que as partes acessem o programa utilizado.

Não é necessária a instalação do programa, mas conhecê-lo é fundamental para a efetiva comunicação entre as partes e o exercício do devido processo legal.

As partes e seus advogados serão convidados a apresentar documentos de modo a se identificarem, o que será reforçado na data da sessão.

Importante frisar que, nada obstante a previsão contida no art. 334 do CPC, ninguém pode ser compelido a participar de uma sessão virtual, se não tiver condições mínimas de fazê-lo.

A Resolução nº 314, do CNJ, por isso, estipula que as partes adotem a forma virtual de solução dos conflitos nos juizados especiais, ressalvando, no parágrafo segundo do art. 3º, que os atos processuais que eventualmente não puderem ser praticados pelo meio eletrônico ou virtual, por absoluta impossibilidade técnica ou prática a ser apontada por qualquer dos envolvidos no ato, devidamente justificada nos autos, deverão ser adiados e certificados pela serventia, após decisão fundamentada do magistrado.

Preservam-se, portanto, a voluntariedade e a situação de cada parte ou patrono, que não estão obrigados a aderir a esse método virtual.

Por meio do Comunicado CG Nº 284/2020[37], a Corregedoria Geral da Justiça, considerando as restrições de acesso de pessoas aos prédios dos fóruns em virtude da pandemia de Covid-19, comunicou aos magistrados e servidores orientações para a realização de audiências virtuais.

Dispõe a norma que, mediante prévia concordância das partes e do Ministério Público, enquanto custos *legis*, as audiências poderão ser realizadas por meio de videoconferência, a critério do magistrado responsável, utilizando a ferramenta Microsoft Teams (que não precisa estar instalada no computador das partes, advogados e testemunhas), via computador ou *smartphone*, sendo vedada a atribuição de responsabilidade aos advogados

---

37. Disponível em: https://www.tjsp.jus.br/Download/Portal/Coronavirus/Comunicados/Comunicado_CG_N284-2020.pdf. Acesso em 05 set. 2021.

e procuradores de providenciar o comparecimento de partes e testemunhas a qualquer localidade.

Em abril de 2020, a OAB, atenta à situação das partes e dos advogados, publicou o Comunicado nº 99/2020[38], chamando a atenção para a situação socioeconômica não somente de grande parte da população, como também dos advogados, além de ressaltar os aspectos sanitários.

Portanto, a utilização das ODRs não é obrigatória, mas, uma vez escolhida livremente, há critérios técnicos a serem seguidos.

Importante ainda, ao advogado, lembrar às partes os princípios da mediação, os quais serão reforçados pelos mediadores.

Destacam-se a decisão informada, a voluntariedade e a boa-fé, não mais importantes, entretanto, do que a confidencialidade. As partes devem estar seguras de que poderão, livremente e sem riscos, trazer seus anseios e necessidades à sessão virtual.

Por ser um ambiente virtual, portanto, as partes devem ter absoluta certeza de que não haverá quebra dessa confidencialidade, seja relativa ao processo, seja em relação a sua privacidade.

Então, outra preocupação é a instalação de programas de segurança nos aparelhos utilizados, assim como a orientação no sentido de evitar que o conteúdo da sessão, quer com relação às partes, quer com relação aos próprios advogados e, ainda, ao mediador, seja exposto.

Embora essa preocupação seja, também e primordialmente, do mediador, da Câmara ou Tribunal, o advogado é guardião de documentos e manifestações de seus clientes, o que exige cuidado redobrado.

Durante a sessão, o advogado deve zelar para que seu cliente seja ouvi-

---

38. Disponível em: http://www.oabsp.org.br/of-gp-99-comunicado-no-284-2020-orientacoes-para-a-realizacao-de-audiencias-virtuais.pdf/view. Acesso em 05 set. 2021.

do, possa escutar o mediador e as partes, para que ele possa ser respeitado em seu momento de ter a palavra e possa exercer o direito de silenciar.

Há algumas situações em que se entende que o silêncio deva ser visto com certa diferença por causa das peculiaridades do meio virtual. Pode ser que o mediador instigue a parte a se manifestar, diante da preocupação técnica de funcionamento do programa.

Nesse caso, entendendo que a parte não quis se manifestar, o advogado pode e deve intervir reforçando o direito de permanecer em silêncio.

Sempre que notar algum desconforto da parte com o andamento da sessão, seja por problemas técnicos ou decorrentes do próprio conflito, o advogado deve solicitar tempo para conversar com seu cliente e, se entender que o meio não está trazendo um relacionamento colaborativo ou produtivo, até mesmo solicitar a sessão individual (*caucus*), a redesignação ou a extinção do procedimento de mediação, amparado no princípio da autonomia da vontade das partes.

O advogado deve, entretanto, ter espírito colaborativo, certo de que, a despeito dos cuidados potencializados que envolvem o procedimento, privilegiam-se a solução consensual e o princípio da boa-fé.

Embora a normalização seja técnica do mediador, ao advogado cabe demonstrar ao seu cliente que tanto o conflito como a mediação no ambiente virtual são normais e compõem a vida em sociedade e que os meios virtuais em nada diferem dos contatos feitos em aplicativos, respeitadas algumas regras acima expostas.

O advogado deve ter pleno conhecimento da mediação, das suas etapas, do que se pede a cada uma das partes em cada momento do procedimento. Também deve ter plena integração e interação com o mediador.

Há que se atentar que interação não significa invadir as funções do mediador. O mediador rege o procedimento, e não o advogado. Há um dever ético, até com o colega, de não monopolizar a mediação, em proveito de seu cliente.

Há anos se diz que o advogado é o grande parceiro do mediador, sendo, portanto, de grande importância que estejam imbuídos do espírito da mediação. Caso verifique que a imparcialidade do mediador não esteja presente de modo absoluto, o advogado pode e deve solicitar uma reunião individual, de modo a trazer ao facilitador sua preocupação e, essa persistindo, retirar-se com seu cliente da mediação.

Mais ainda, há que se apontar que o advogado deve ter pleno conhecimento dos fundamentos da negociação, conhecendo as técnicas de negociação, os estilos de negociador, as expressões faciais de cada uma das partes e seus significados; portanto, ter noções dos axiomas da comunicação.

Deve mostrar às partes que estão negociando e, principalmente, entender qual é a zona de possível acordo de seu cliente (Zopa) e as melhores alternativas ao acordo negociado (Maana).

Finalmente, no espírito de negociação, o advogado deve priorizar as regras básicas da negociação, trazendo ao seu cliente, às partes e ao mediador quatro técnicas básicas desse instituto: foco no problema e não nas pessoas; foco nos interesses e necessidades de cada uma das partes envolvidas no conflito; foco na geração de opções – tantas quanto forem necessárias –; e foco nos critérios objetivos, ou seja, não deixar que se entabule acordo em linhas gerais e sem especificar como será adotada a solução, de modo a tornar o acordo exequível.

Vê-se, portanto, que o advogado deve extrair das partes seu real interesse, para que tenham validados seus sentimentos e seja promovido o necessário empoderamento.

Para tanto, seu cliente deve, antes de mais nada, conhecer sua real necessidade, afastando-se das posições e entendendo efetivamente o conflito.

Quando se foca a mediação nas posições, não se privilegia a compreensão do conflito, tampouco o real interesse de cada uma das partes. Vale, nesse sentido, citar um exemplo pueril, tirado da revista *Seleções*[39]:

> Quando meus dois filhos estavam subindo no banco de trás do carro, Eric, de 5 anos, gritou:
>
> – Quero o lado esquerdo!
>
> Isso não caiu bem para Ron, de 4 anos.
>
> – Não, eu quero o lado esquerdo!
>
> Interrompi, dizendo:
>
> – Como é mais velho, Eric fica no lado esquerdo.
>
> – Obrigado, pai – disse Eric. Qual é o lado esquerdo?

Embora não se olvide que seja função do mediador separar as questões, os interesses e sentimentos, o advogado possui, como primeiro mediador e juiz da causa, o dever de orientar seu cliente para que ele possa perceber sua efetiva necessidade.

Do contrário, não faria sentido a existência de um profissional gabaritado a auxiliar a parte a solucionar o conflito. Seriam, ambos, perdidos em sentimentos e posições a causar a espiral do conflito.

Por se tratar de um acordo de vontades que gera um título executivo, deve-se zelar pela eficácia do acordo, para verificar que atendeu as necessidades das partes e ao espírito da conciliação e que conta com a concordância de todos.

Assim, o advogado deve zelar pela obtenção de todas as assinaturas ne-

---
39. WESTON, John. *Seleções do Reader Digest*, ed. julho 2018, p. 32.

cessárias para validar o título executivo, pois que, na forma do art. 784 do CPC, são títulos executivos extrajudiciais o documento particular assinado pelo devedor e por duas testemunhas e o instrumento de transação referendado pelo Ministério Público, pela Defensoria Pública, pela Advocacia Pública, pelos advogados dos transatores ou por conciliador ou mediador credenciado por tribunal.

A assinatura de todos se dará no programa escolhido, por meio de *chat*, assinador digital ou por manifestação via *e-mail*, quando todos deverão externar sua vontade.

Caso não se chegue a um acordo na sessão, o advogado pode e deve manter a negociação aberta para futura celebração de acordo. Nem sempre as partes estão maduras ou possuem plena possibilidade de finalizar um acordo em uma única sessão. É função do advogado, na forma do Regulamento da Ordem dos Advogados do Brasil, prosseguir com tratativas visando à melhor solução do conflito, pois o artigo 6º do CPC dispôs sobre o dever de cooperação entre todos os sujeitos do processo.

6- Aspectos éticos da mediação on-line – ODRs

A par dos cuidados técnicos a serem adotados e que resumidamente foram abordados no presente artigo, os aspectos éticos são ainda mais importantes.

É consabido que a grande diferença entre o mediador e o advogado consiste no fato de que o patrono das partes possui interesse no resultado da demanda.

Embora seja correta essa afirmação, não está afastado o dever ético do advogado de cuidar para que se obtenha, acima de tudo, uma solução justa e que atenda os interesses e necessidades de ambas as partes.

A advocacia vem se reformulando, com novas abordagens que consolidam a figura de um profissional mais amplo e com uma visão mais sistêmica do processo. E com isso, novos aprendizados se somam aos previstos nas grades curriculares, dentre eles, a Advocacia Resolutiva.

Conforme definem Arnold Wald e André Gomma de Azevedo[40]:

> a advocacia resolutiva é aquela baseada em análises objetivas de probabilidade de êxito, identificação apropriada de interesses reais das partes, criação de valor em razão de abordagens integrativas, auxílio com a escolha procedimental adequada baseada em critérios objetivos referentes aos diversos processos de resolução de disputas e apoio às partes no desenvolvimento de competências emocionais que permitam o distanciamento de escolhas baseadas em paixões ou posições irracionais.

Esse tópico nos traz a ideia de que há um valor público para a advocacia, ou seja, de que o advogado, antes de ser um mero operador do Direito, é alguém que conhece seu papel e o valor que representa, tendo como objetivo a proposta de contribuição para uma sociedade mais justa.

Nesse dito *valor público* está inserida a noção de uma contribuição para com o cliente e para com a sociedade, adotando um novo relacionamento e a escolha de meios adequados de solução de conflitos.

Isso significa a obrigação de adotar formas mais construtivas de resolução de disputas, permitindo que as partes cresçam em suas relações, daí se cogitar da figura do advogado educador.

Tem se falado, portanto, na advocacia resolutiva como parte de um modelo matemático que considera a probabilidade de sucesso na disputa como norte para a adoção da melhor estratégia de negociação.

---

40. WALD, Arnoldo de Paula; AZEVEDO, André Gomma de. Escritórios devem aposentar grupos contenciosos e criar setores resolutivos. *In*: Consultor Jurídico, 13 de maio de 2018. Disponível em: https://www.conjur.com.br/2018-mai-13/opiniao-escritorios-aposentar-grupos-contenciosos. Acesso em 05 set. 2021.

E, segundo esse modelo, o advogado escolheria o meio adequado a partir da probabilidade de êxito na pretensão, sendo esse fator preponderante para a entrada no sistema multiportas.

Mas, no plano ético, exige-se que advogado vá um pouco além da análise matemática da perspectiva de sucesso na demanda, para que escolha a forma mais adequada de resolução do conflito.

Nesse sentido, em termos de Advocacia Resolutiva, sugere-se a aplicação do modelo de Bloom, consoante a lição de Ana Paula C. M. Ferraz e Renato Belhot[41]:

> um instrumento ligado à educação e cuja finalidade é a identificação e a declaração dos objetivos ligados ao desenvolvimento cognitivo que engloba a aquisição de conhecimento, competência e atitudes visando facilitar o planejamento do processo de ensino e aprendizagem.

Esse método ligado à educação visa ao desenvolvimento de etapas de aprendizado e se aplica à formação do advogado, a partir da observância de sua atuação política e valor público que pode agregar.

Mais ainda, cabe lembrar da lição de São Tomás de Aquino, que pregava que na natureza de todas as coisas existe uma tendência para um fim e que esse fim é o seu próprio bem, que é a sua realização.

Para tanto, há que, em um primeiro passo, perquirir sobre a finalidade de todas as coisas, ou seja, aplicando-se a mediação, qual o bem da vida de cada uma das partes – o chamado foco nos interesses.

Vamos pensar em duas partes buscando um mesmo bem e que o seu interesse, ou seu fim, é o próprio bem que irá realizar a busca pela felicidade.

---

41. FERRAZ, Ana Paula C.M.; BELHOT, Renato. Taxonomia de Bloom: revisão teórica e apresentação das adequações do instrumento para definição de objetivos instrucionais. In: *Gest. Prod.*, São Carlos, v. 17, n. 2, p. 421-431, 2010. Disponível em: https://www.scielo.br/pdf/gp/v17n2/a15v17n2.pdf. Acesso em 05 set. 2021.

O segundo passo do denominado ofício de São Tomás de Aquino é o julgamento dos princípios, que são diversos dos meios materiais de obtenção do fim, mas os bens imateriais que decorrem do princípio imaterial – a que ele denominava alma.

Ou seja, nesse passo, o advogado deve se ater à lide sociológica, que são os interesses reais e os princípios que dirigem a obtenção do fim imaterial – a realização da alma.

Nesse sentido, o plano ético do advogado não se afasta da vontade de dirigir as partes para a realização de seus princípios imateriais.

São Tomás de Aquino ensinava que o que nos afasta da obtenção desse fim imaterial é o foco nos bens materiais. Na mediação, isso significa que as partes devem ser afastadas de suas posições, porque estas representam a realização material, que está distanciada dos princípios e interesses, e as partes, em um primeiro momento, estão firmes em seu apego às posições.

O advogado deve auxiliar o mediador a corrigir essa rota, ajudando as partes a obter o efetivo bem da vida, com o desapego das posições e foco nos interesses e princípios.

Não se pode perder de vista que o advogado está negociando, também, sua sobrevivência. Ora, ao estabelecer com o cliente sua atuação, o advogado já especificou seus honorários para cada meio escolhido, no sistema multiportas, não dependendo, como se verificava anteriormente, do sucesso no meio adjudicatório para quantificar ou qualificar o seu trabalho.

Isso o torna independente, equilibrando e expandindo sua atuação.

Prosseguindo a mediação, temos que São Tomás de Aquino ensinava que um quarto passo seria apontar os erros. É o que se faz na mediação quando se trazem os sentimentos decorrentes das necessidades não atendidas.

Mas, devido à natureza humana, apontar os erros, pura e simplesmente, pode levar ao julgamento e ao arraigamento das posições. O reforço desse conflito exige, nesse sentido, a utilização de ferramenta de mediação denominada recontextualização, que é de suma importância e deve ser aliada ao foco nos interesses e à geração de opções a partir dos princípios.

É isso que o mediador faz no seu ofício e o que o advogado deve compreender para auxiliar seu cliente na obtenção do bem da vida.

Melhor explicando, ainda que, em uma análise inicial matemática, a probabilidade de êxito na demanda fosse na ordem de 99%, o que implicaria a tomada de decisões sobre qual forma de solução do conflito adotar seria a relação de causa e efeito sobre o bem da vida e nos princípios imateriais que importam as partes.

Ou, nas relações pessoais, o que seria mais importante obter e preservar.

Nesse ponto, faz-se presente um item a somar ao modelo matemático e à taxonomia de Bloom, que vêm sendo aplicados na mediação e advocacia resolutiva: o valor imaterial a ser agregado.

Assim, ao pensar na identificação apropriada dos interesses reais das partes, não se descura dos princípios imateriais, do bem da vida a ser agregado, que deve ser priorizado sempre que cotejado com o mero sucesso nas demandas.

Vê-se, portanto, uma relação sistêmica, pois o conjunto dos bens imateriais das partes está a impulsionar o advogado e a própria Advocacia Resolutiva para outros parâmetros que não somente os modelos matemáticos de possibilidade de sucesso, devendo o advogado, mais que tudo, estar familiarizado com tal abordagem do Direito, ao buscar a solução adequada e pacífica das controvérsias.

Nas relações pessoais e relações familiares, o que se levaria em conta não seria somente o sucesso da demanda, mas as consequências que adviriam para as pessoas envolvidas na disputa.

Em uma relação de vizinhança, não se consideraria o mero resultado matemático, mas o que o sucesso ou insucesso na demanda trariam de consequências boas ou negativas para o convívio social.

Esse é o ponto principal a ser perseguido pelo profissional da advocacia e que deve constar do currículo dos ensinos jurídicos, tanto para solucionar como para evitar conflitos.

Partindo desse princípio básico tirado dos ensinamentos de São Tomás de Aquino, outros pontos devem ser perseguidos.

O dever de informação ao cliente é um deles. Aquele que procura um advogado para solucionar um conflito deve ser informado dos meios de solução e auxiliado a optar pelo mais adequado, ainda que, aparentemente, não traga ao profissional do Direito a obtenção de valores mais atrativos.

E, uma vez optando pelo meio de solução do conflito, todas as informações devem ser prestadas, como as consequências de cada um dos atos a ser praticado.

No ambiente virtual, todo o cuidado deve ser tomado para que os atos e palavras não sejam mal entendidos. Se a comunicação pessoal é falha, imagine-se a virtual. O advogado deve zelar para que a parte esteja bem informada de tudo o que ocorrerá na sessão e após sua realização.

Durante a sessão virtual, o advogado deve zelar para que seu cliente escute tudo o que foi dito, não deixando frases mal entendidas ou cortadas, ou que o silêncio seja sempre entendido como concordância.

Outro dever do advogado diz respeito à confidencialidade. A parte deve ter resguardada sua individualidade, de modo que não tenha sua vida devassada. A utilização de dados obtidos nas sessões de mediação para outros fins que não a solução do conflito configura litigância de má-fé e deve ser coibida exemplarmente.

A gravação da sessão (que os tribunais não permitem), se existente e com fins outros que não a orientação da parte sobre seus sentimentos e a manifestação de suas necessidades, fere o princípio do sigilo.

Não se pode esquecer de que o artigo 6º do CPC impõe a colaboração entre as partes. Usar de um ato tão relevante e solene – embora informal –, que é a mediação, para obter informações que serão utilizadas nesse ou outro processo é lamentável e demonstra total falta de ética, infringindo o Código de Ética da Advocacia.

Repassar informações a colegas com a finalidade de obter dados utilizáveis em outros processos não se coaduna com o dever profissional.

O advogado deve ter em mente, também, que a voluntariedade deve ser sempre preservada, assim como a autonomia da vontade. Para tanto, cabe evitar atos de coerção, quaisquer que sejam, com relação à outra parte e apontar atos que possam impor soluções ao seu cliente, impedindo que ele se obrigue ao que não representa seu bem da vida.

O advogado, ainda que tenha interesse no sucesso do seu representado, deve zelar pelo equilíbrio nas relações, já que o não atendimento desse princípio pode pôr a termo a mediação, invalidando seus atos.

Deve ser criativo, de modo a auxiliar, com sua vivência, a geração de opções que atendam os princípios das partes e o bem da vida por elas almejado.

Por fim, o advogado deve conhecer a lei, para que auxilie partes e mediador a obter uma solução do conflito que possa ser exequível e eficaz, distribuindo a justiça.

Isso significa colocar em pratica a ética do cuidado, obrigando o advogado ao dever de informar eventual aspecto não compreendido e que possa significar decisões assimétricas, ainda que a outra parte esteja representada.

Uma reflexão final diz respeito a duas correntes que vêm se apresentando nos tempos modernos, que são o utilitarismo e o chamado idealismo transcendental.

Por vezes, escolher atalhos pode levar à satisfação material, mas, ainda que a maioria se beneficie dessa escolha, será o justo e esperado? É melhor a escolha do caminho da realização da maior parte dos pleitos ou o justo é a manutenção do que está configurado de modo a não causar nenhum mal?

Esses aspectos devem ser sopesados dentro da noção do bem comum, diante do sistema social que rege as relações.

O conhecimento do direito sistêmico mostra-se de grande importância para a obtenção da solução mais ética. Ainda mais nos ambientes virtuais, em que todos os cuidados com os princípios éticos devem ser fervorosamente perseguidos.

São esses, portanto, os aspectos, em linhas gerais, que devem nortear a formação dos advogados, para atuação na mediação, notadamente, na realizada por meio das denominadas ODRs.

FERRAMENTAS PARA PROVOCAR MUDANÇAS NA MEDIAÇÃO ON-LINE

Helena Ribeiro Tannus de Andrade Ribeiro e João Augusto Favery de Andrade Ribeiro

A experiência na mediação on-line tem trazido, com maior ênfase, a percepção da importância da utilização das ferramentas para geração de mudanças.

O mediador ou conciliador requisitados para uma sessão de mediação ou conciliação possuem alguns objetivos definidos pelo seu desiderato, que o Código de Processo Civil, acertadamente, dispôs.

O mediador e o conciliador são definidos pelo Código de Processo Civil como auxiliares da Justiça, nos exatos termos do artigo 149.

Pode-se dizer que são efetivamente auxiliares da justiça, empregando esse termo em seu significado mais amplo, pois, consoante a expressa destinação constitucional, são facilitadores que auxiliam as partes a obter uma solução justa para o conflito, com o atendimento das efetivas necessidades; portanto, auxiliando-as a promover a entrega da prestação jurisdicional.

Conclui-se que o mediador e o conciliador, mais do que sujeitos do Poder Judiciário, são operadores da justiça.

E, como se dizia, ao serem requisitados para uma sessão, possuem objetivos definidos, que dizem respeito a auxiliar as partes a obter, assim, o pleno exercício da cidadania.

Para isso, os facilitadores se servem de técnicas e ferramentas que provocam mudanças e a estruturação de um debate no processo de mediação e conciliação.

Alguns autores fazem uma distinção entre **técnicas e ferramentas**, outros não. Para uma distinção apenas didática, iremos adotar um critério que diferencia técnicas e ferramentas, sendo as primeiras obtidas com a proposta de **o que fazer** e as segundas, **por que meios fazer**.

Portanto, tendo como objetivo distribuir a justiça, os mediadores e conciliadores utilizam as técnicas de mediação, como o *rapport*, a escuta ativa, a validação de sentimentos, o espelhamento e outras, por meio das denominadas ferramentas, que serão adiante expostas.

Inicialmente, cabe esclarecer que o termo ferramentas da mediação abarca, também, a conciliação, pois são utilizadas nos dois métodos de solução de conflitos, dado que a distinção desses métodos é feita pela nossa legislação (artigo 165, do CPC).

E vamos tratar do mediador e conciliador como facilitadores.

1- Ferramentas da mediação

A primeira delas é denominada recontextualização, em síntese, a percepção mais positiva do conflito.

Como a mediação é transformativa, a **recontextualização** (ressignificação ou paráfrase) assume grande importância no modo como o facilitador convida as partes envolvidas no conflito a um olhar mais empático e colaborativo, vivenciando uma visão que permite enfrentar os fatos e obter soluções mais positivas.

Há um cuidado especial na mediação on-line, para que as partes não se sintam desprestigiadas na validação de seus sentimentos, com a recontextualização. Destarte, quando utilizada essa ferramenta, o facilitador deve explicar às partes envolvidas a proposta de sua utilização.

Frases como "permitam-me fazer uma abordagem dos fatos, utilizando essa técnica" talvez sejam importantes, antes de utilizar essa ferramenta.

Aliás, nesse ponto, surge uma outra discussão de correntes na mediação, atinente à decisão informada. Divergindo de alguns doutrinadores, entendemos que as partes devem estar totalmente informadas não somente de seus direitos, o que se faz com o auxílio dos patronos, mas também, e principalmente, ter conhecimento das fases do processo de mediação e das técnicas e ferramentas que serão aplicadas em cada fase.

Vemos que esse procedimento faz com que a parte entenda em que módulo ou parte da mediação ela está e o que esperar da mediação naquele momento, sentindo-se parte da solução.

A utilização da recontextualização em um ambiente virtual, se não precedida desse cuidado, pode parecer apelativa.

Audição de propostas implícitas – Muitas vezes, nas disputas, os ânimos exaltados impedem as partes de enxergar a solução que elas mesmas apresentam.

No ambiente virtual, o facilitador deve estar ainda mais atento às manifestações das partes e às soluções que muitos dos discursos podem conter.

Não é despiciendo pedir para as partes reformularem sua(s) frase(s), de modo a abarcar uma solução que elas mesmas estariam aventando, mas que, pela dificuldade de comunicação, ampliada pelo meio virtual, não estariam conseguindo vislumbrar.

Dentro desse discurso, várias opções de solução do conflito podem ser captadas.

Afago – O reforço positivo a cada ato produtivo apresentado pelos mediandos toma uma forma ainda mais interessante no ambiente virtual.

Desde o início, quando, usando a técnica do *rapport*, o facilitador agradece às partes pelo esforço em participar dessa experiência e procurar romper as barreiras do isolamento, até o efetivo reforço positivo, quando uma proposta é apresentada ou, quando em um impasse, o facilitador reforça todo o caminho percorrido e as barreiras que foram ultrapassadas, o afago assume grande importância no ambiente virtual.

Ele demonstra que se atingiram progressos e incentiva as partes a prosseguir buscando alternativas.

Deve-se evitar o afago sem causa. Pode-se perder a credibilidade do facilitador. Deve-se evitar o afago individual, pois pode comprometer a imparcialidade.

O silêncio – Se no ambiente presencial já se tratava de uma ferramenta de grande importância, no ambiente virtual assume destaque.

O silêncio não é somente aquele momento em que uma das partes ou ambas estão ponderando, antes de dar uma resposta – e que o facilitador deve respeitar. Mais importante é o silêncio do próprio facilitador quando as partes estão se manifestando.

Ainda mais no ambiente virtual, onde há o denominado *delay* – aquele intervalo de tempo para se receber imagem e som –, o mediador deve dar amplo espaço para que todos falem e possam ser ouvidos em seu tempo, sem interromper ou fazer perguntas durante a fala das partes.

Isso pode impedir a comunicação.

Cabe ao facilitador aguardar o fim do discurso das partes, certificar-se de que não há mais intenção de falar, de que todos ouviram, para dar continuidade ao processo. Deve zelar para que todos estejam escutando atentamente o discurso da parte e para que isso seja respeitado.

E, ao questionar as partes, entender que imagem e som demoram um pouco a chegar e as partes um pouco mais a ponderar. Há, ainda, maior cuidado quando são vários participantes.

Alguns programas de aplicativos possuem o recurso de uma das partes apontar seu intuito de manifestação (levantar a mão). Pode ser interessante, no início, fixar essa regra para evitar interrupções.

Mas, no ambiente virtual, o silêncio deve ser analisado sob a ótica de uma mediação, conhecendo todos os participantes e certificando-se de que ouvem e são ouvidos, pois o silêncio pode decorrer mesmo de um não entendimento do que está se comunicando.

Sessões individuais (*caucus*) – Nas sessões presenciais, é mais fácil se decidir pelas sessões individuais, pedindo para uma das partes aguardar enquanto se ouve a outra.

No ambiente virtual, essa ferramenta deve ser sopesada antes de se optar por aplicá-la. Em alguns programas, há a possibilidade de se cortar imagem e som dos demais, conversando-se individualmente.

Mas o facilitador deve explicar como será feito e como será a reintegração das partes à sessão. Se houver extrapolação de tempo, deve-se retornar a ambas as partes e solicitar a compreensão, bem como informar que ambas terão o mesmo tempo para serem ouvidas.

Igualmente, por vezes, as partes querem consultar seus patronos, com o que cabe, explicando a todos o que será feito, proceder à interrupção de som e imagem.

Há que se lembrar que impera a confidencialidade e todo o cuidado deve ser adotado para evitar que uma conversa individual seja aberta à outra parte, o que inviabilizaria a sessão.

Se não houver a possibilidade de se fazer com segurança, talvez seja melhor optar por não realizar, lembrando que há doutrinadores radicalmente contrários às sessões individuais.

Por fim, há que se observar que a sessão individual jamais poderá ser utilizada para convencimento das partes ou para obrigá-las a ver o conflito sob outro enfoque, oriundo do imaginário do facilitador.

Não se trata de ferramenta de coação, mas de mediação.

Inversão de papéis – Essa ferramenta se recomenda usar em sessões individuais e, portanto, com os cuidados acima recomendados.

Adotando-se a doutrina que obriga o facilitador a cientificar as partes do módulo ou fase da mediação em que elas estão e apontar as técnicas e ferramentas que serão utilizadas, deve-se comunicá-las sobre essa utilização, antes de iniciar. Deve-se, ainda, explicar que a ferramenta será utilizada com ambos.

Sua má utilização pode comprometer a parcialidade e a sessão. Nem sempre as partes estão no momento adequado a observar o conflito com a necessária empatia.

Devem ser evitadas perguntas que façam parecer que o facilitador tomou partido. Há que se aguardar a maturidade das partes na sessão para fazer a inversão de papéis.

Geração de opções – Quando se estabeleceu a relação de confiança e credibilidade, as partes foram recepcionadas, puderam falar e ser ouvidas; quando se estabeleceram as questões, os interesses e os sentimentos, delimitando-se o foco da mediação; e observado o princípio de colaboração entre as partes; pode-se dizer que o processo de mediação já está maduro para elas poderem trazer o que almejam como bem da vida.

Nesse momento, vão aflorar as efetivas necessidades e os interesses e, delimitado o foco da mediação, pode-se partir para a negociação de soluções para o conflito.

Dois grandes equívocos que são cometidos devem ser vistos com atenção:

- Não se pergunta imediatamente qual seria a solução (é o mesmo que perguntar, no início da sessão, se há acordo);
- Não se toma a primeira ideia como solução.

A geração de opções permite, se bem conduzida pelo facilitador, que a sessão tome contornos que proporcionem a todos uma visão empática do conflito.

É comum que as partes, ao fazerem seu primeiro discurso, já apresentem propostas, sem que se tenham ouvido uma à outra. Cabe ao facilitador explicar a proposta da mediação e agradecer (afago) a manifestação, informando que será considerada no momento adequado.

A mediação é um processo. Informal, mas solene, quando se encerra um acordo. Por ser um processo, possui fases bem distintas, que devem ser percorridas.

Por isso, a mediação nunca se inicia com a geração de opções. Tampouco, o facilitador se apega ao primeiro sinal de proposta, pois ela pode conter imperfeições de proposição e resultado.

O papel do facilitador, após percorrer algumas fases da mediação, é estimular as partes a apresentar soluções. Para isso, elas devem estar na mesma sintonia.

Ao ouvir as opções, o facilitador deve organizá-las e se utilizar de outra ferramenta, que é o teste de realidade, verificando, na prática, como se perfectibilizaria a solução.

Antes disso, ouviu as partes, elas se ouviram, efetuou-se um primeiro resumo e estabeleceram-se os princípios de ambas, bem como o foco da mediação.

Nesse momento, as opções geradas devem ser detalhadas o máximo possível, permitindo a análise prática das soluções encontradas.

Deve-se estimular outras propostas, antes de se agarrar a uma delas como se fosse a salvação do facilitador.

Normalização – Essa ferramenta assume uma importância fundamental nesses novos rumos em que os tribunais implantam a ferramenta das sessões virtuais, a partir dos tempos de pandemia e isolamento.

Talvez seja a mais importante, diante da situação que se experimentou a partir da pandemia e dos conflitos que dela resultarão.

É uma novidade para todos. Há um certo desconforto com a mediação; há dificuldades desde a apresentação dos documentos pessoais para qualificação, até a utilização dos programas dos aplicativos.

Essa situação, aliada à pandemia em si, gerou um estresse, um receio. Além disso, as partes entendem estar na figura de um juiz, que dirá qual é o direito de cada um e, por isso, o aflorar de posições é impresso em cada ato.

Esse é o momento em que o facilitador atua de modo a trazer as partes para o espírito da mediação, estimulando-as a perceber que se trata de uma oportunidade de, juntas, obterem a solução mais justa e que atenda aos princípios que estabeleceram.

Todo esse desconforto com a novidade pode ser um trunfo para o facilitador trazer as partes para o norte que elas mesmas fixaram quando pretenderam solucionar o conflito.

E, a todo momento, os princípios da mediação podem ser lembrados como meio de se atingir o equilíbrio onde parece reinar o caos.

Quando se rejeita uma proposta, criticando uma das partes, o facilitador intervém e normaliza o conflito, demonstrando que podem ser geradas outras opções e que se tem como normal, diante de toda a situação e da novidade na forma de comunicação, que o processo gere um desconforto, mas que já se avançou muito (afago) com a intenção de trazer soluções, incentivando-as a pensar em outras opções.

Caso uma das partes pareça reticente, irritada ou amedrontada, o facilitador pode trazer a tranquilidade necessária, mostrando os benefícios já alcançados e os que ainda podem ser obtidos com o processo de mediação.

A normalização é aplicada, também, ao facilitador. Ele não deve se amedrontar ou demonstrar desconforto e tampouco achar que tudo é normal, estando atento para que altercações, falta de urbanidade e situações de uso da mediação para fins obscuros sejam imediatamente interrompidas, conclamando as partes a retornar ao rumo.

Costuma-se pensar que a mediação é uma grande avenida, cortada por inúmeras ruas, cabendo ao mediador controlar esse tráfego de modo a permitir que as partes possam trilhar os caminhos que levam à solução do conflito.

Essa ferramenta tem se mostrado muito importante, principalmente quando aplicada no ambiente virtual.

Organização de questões e interesses – É importante que o facilitador obtenha das partes o seu interesse real, que permitirá a definição do foco da mediação.

O facilitador deve fixar com as partes os princípios que a elas sejam importantes, a partir da manifestação das efetivas necessidades.

Por vezes, as partes, no calor da sessão, esquecem-se dos seus reais interesses e se fixam nas posições que indicam foco na disputa e não na solução dos conflitos.

Cabe ao facilitador, após a validação dos sentimentos e o estabelecimento dos interesses comuns ou compatíveis, estabelecer o foco da mediação e organizar os debates a partir dos interesses, para se resolver a questão.

Costuma-se dizer que as necessidades não atendidas geram sentimentos ruins, provocando questões que se traduzem em posições. O facilitador, validando os sentimentos, organiza os interesses, para poder focar nas questões, afastando-se das posições, para, compatibilizando os interesses e os princípios, atender a necessidade de todos, por meio de uma solução justa.

No ambiente virtual, diante da distância física, ainda que todos estejam reunidos, mostra-se de grande importância a fixação de um foco nos interesses e princípios comuns, para que sejam compatibilizados.

Enfoque prospectivo – O ambiente virtual permite que se cogite do novo, de uma forma criativa.

Essa ferramenta permite que se apresente às partes a possibilidade de se criar um novo relacionamento, evidentemente estabelecido sobre o conflito trazido.

Mas a base em que o facilitador se fixa é o poder de as partes modificarem o conflito, amoldando-o aos interesses manifestados, de modo a deixar de lado o passado que somente existe naquela lógica da ação-sanção (dá-me o fato que te darei o direito), tão arraigada no processo adjudicatório, para a criação de opções que atendam ao anseio de uma solução justa.

É nesse ponto que o facilitador reforça não estar presente naquela sessão para dizer o direito ou quem tem razão e quem não a tem, e sim para, ouvindo as razões de cada uma das partes, juntos criarem uma solução que melhor atenda o esperado.

Teste de realidade – No ambiente virtual, a todo o momento, este teste é feito. Desde o início da sessão.

Verifica-se se estão todos se ouvindo, se os discursos foram bem captados, se foram entendidas as propostas.

E, nesse escopo, para cada opção gerada faz-se o teste de realidade, ou seja, coloca-se em prática cada uma das ideias trazidas na sessão, verificando-se suas consequências e a aplicação prática ao caso.

Mas, principalmente, atende-se aos princípios que foram trazidos pelas partes. Se ambas querem segurança, a opção deve ser confrontada com esse princípio.

O grande desafio ao facilitador é ele não fazer um julgamento do que é bom ou mau para uma das partes, a partir de princípios que pertencem a si próprio.

O teste de realidade deve ser feito com base na realidade das partes, e não do facilitador.

Impede-se, com isso, que se criem soluções inexequíveis e se obrigue a um novo processo ou a uma nova necessidade de intervenção na vida das partes.

Elas devem deixar a sessão sabendo o que fizeram, o que sentiram, os seus interesses e a melhor solução a ser tomada, que pode ser até mesmo a de não entabular um acordo.

Por vezes, pode ocorrer de não se tratar de caso para mediação, pois a solução depende de uma manifestação estatal.

Cabe apontar, ainda, que ao facilitador não é dado dizer o direito. São as partes, auxiliadas por seus patronos, que estão habilitados para tanto, que devem trazer a melhor solução, restando ao facilitador a condução da sessão de modo a resguardar os princípios da mediação e a restabelecer a comunicação.

Validação de sentimentos – Trata essa ferramenta da aplicação de um dos princípios básicos da mediação.

O facilitador deve identificar os sentimentos das partes e dar a eles o valor que lhe foi apresentado, como decorrência de um interesse e uma necessidade legítimos.

O grande cuidado que se deve ter é não reforçar esse sentimento por um tempo demasiadamente longo, que incentive a vitimização ou a fixação de uma posição.

Em outras palavras, a validação dos sentimentos significa que a parte foi ativamente escutada, sendo captado seu sentimento oriundo do conflito, mas que ele nasce da vontade natural de que os fatos se consumem de outra forma, ou que as necessidades sejam atendidas, alcançando-se o bem da vida.

A validação de sentimentos deve ser imediatamente seguida da fixação dos interesses e princípios das partes. Pode traduzir que uma parte esteja muito desconfortável com a situação, pois gostaria que a comunicação efetivada se desse de uma maneira mais produtiva.

Note-se que a formalização do sentimento é seguida da fixação do bem da vida almejado. No ambiente virtual, é de suma relevância a aplicação dessa ferramenta.

Conclusão

São essas, portanto, as ferramentas da mediação aplicadas nas sessões e que no ambiente virtual se mostram ainda mais necessárias. O facilitador deve observar todos os princípios da mediação, com ênfase no princípio da decisão informada, cabendo a ele – demonstrando os caminhos e fases do processo de mediação – trazer as partes para esse método de solução de conflito, de modo a obterem, juntos, a consecução da entrega da prestação jurisdicional, fazendo justiça.

A FERRAMENTA DO SILÊNCIO NA MEDIAÇÃO ON-LINE

Helena Ribeiro Tannus de Andrade Ribeiro e João Augusto Favery de Andrade Ribeiro

A nova vivência experimentada com as sessões on-line tem acrescentado novos significados para algumas ferramentas da mediação e, neste artigo, especificamente, trataremos do silêncio, tecendo algumas considerações com vistas a cotejar as definições usuais e o que se pode cogitar no ambiente virtual, que é um campo das ODRs (*online dispute resolutions*).

1- Definições doutrinárias do silêncio na mediação

Normalmente, o silêncio é definido como uma ferramenta cuidadosa do mediador, cabendo anotar que o *Manual de Mediação Judicial*[42] aponta que

> Alguns mediadores, desconfortáveis com o silêncio, muitas vezes apresentam novas perguntas ou complementam a pergunta anterior. De fato, nesses casos o mediador deve considerar o silêncio como seu aliado no aprofundamento das respostas das partes.

John Paul Lederach[43] nos traz a importância de desenvolver a capacidade de ouvir e aponta que

> o mais essencial é ouvir e engajar as vozes da identidade, muitas vezes perdida e lutando para serem ouvidas em meio ao ambiente cheio da estática ruidosa, algo característico do conflito.

---
42. AZEVEDO, André Gomma (org.). *Manual de Mediação Judicial*. Brasília: Ministério da Justiça e Programa das Nações Unidas para o Desenvolvimento-PNUD, 2013, p. 198/199.
43. LEDERACH, John Paul. *Transformação de Conflitos*. Tradução de Tônia Acker. São Paulo: Palas Athena, 2012, p. 70.

Lisa Parkinson[44], por sua vez, ao tratar da mediação familiar, define a importância do silêncio, anotando que

> momentos de silêncio são comuns na mediação. Sentimentos de tristeza e compreensão são frequentemente compartilhados silenciosamente entre os casais. O silêncio é uma forma de comunicação e o mediador não deve tentar se apressar para preencher o silêncio que, muitas vezes, está carregado de emoções. O silêncio pode ser profundo, levando as partes a refletir, ou altamente emocional. Às vezes o silêncio requer mais tempo para a reflexão. Outras vezes, o silêncio pode parecer ameaçador. Assim, a tensão precisa ser reconhecida e palavras adequadas precisam ser encontradas para liberá-lo, a fim de evitar uma explosão prejudicial durante a sessão de mediação ou em sessões posteriores.

2- O silêncio como técnica e ferramenta do mediador

Basicamente, podemos dizer que a mediação possui fases próprias, com a aplicação de técnicas próprias e ferramentas adequadas a provocar a mudança, pois que a mediação é, na maioria das vezes, transformativa e sistêmica.

Transformativa porque transforma o conflito, amoldando-o às identidades de cada um. Sistêmica, porque vivemos em sociedade e todos os atos estão interligados, com repercussões na vida humana.

Nesse passo, a função do mediador é captar essa identidade de cada uma das partes e sua percepção do conflito, para adaptá-lo a uma solução que atenda aos princípios manifestados.

Para tanto, o mediador desenvolve a escuta ativa, interessada, participativa, integrativa.

---

44. PARKINSON, Lisa. *Mediação Familiar*. Belo Horizonte: Del Rey, 2016, p. 194.

O silêncio decorre da obrigação de se estabelecer uma escuta, pois, muitas vezes, o mediador cai na armadilha de incorporar a sua identidade à narrativa das partes e, nesse caso, deixa de escutar, passando a ser um mero ouvinte.

Por isso se diz que o silêncio é uma forma de expressão, de comunicação, e o mediador não deve se apressar para preenchê-lo.

Mais que isso, a ferramenta do silêncio é forma de o mediador atuar como um modelo para as partes. Note-se que, na declaração de abertura, o mediador deu a entender que as partes devem se ouvir, pois esse é o primeiro passo para a empatia.

Dito isso, não haveria espaço para o próprio mediador – que regrou a mediação, impedindo interrupções das partes – completar as frases dos mediandos, tampouco interromper suas narrativas com perguntas desconexas, devendo respeitar a forma de comunicação de cada um.

O tom da mediação é, também, um exemplo ou modelo de comportamento que o mediador traz para os mediandos.

A maioria dos conflitos judicializados decorre de ausência de escuta. Não há espaço, na atuação do mediador, para o rompimento do silêncio dos mediandos, atrapalhando-os na formulação ou reformulação de seu raciocínio.

Se, no ambiente presencial, o silêncio já era uma ferramenta de grande importância, no ambiente virtual assume maior destaque.

Tem-se reclamado muito, na mediação on-line – espaço físico das ODRs – que não há uma perfeita interação visual do corpo, a significar que a comunicação verbal, a oralidade, princípio da mediação, ganhe um destaque maior.

A magistrada Valeria Lagrasta[45] observa que cabe ao mediador solicitar

---
45. "Dra. Valeria Lagrasta, Diretora da Apamagis, fala sobre mediação em tempos de pandemia", disponível em: https://youtu.be/sisYCb6cvyg. Acesso em 04 set. 2021.

às partes que guardem uma certa distância da câmera, de tal modo que possa vê-las de corpo inteiro, permitindo captar todos os seus gestuais da comunicação.

Mas isso nem sempre é possível. Há mediandos que estão em ambientes fechados, sem espaço suficiente para que se possa guardar distância, com o que somente o rosto aparece e ao mediador resta capturar os sinais dos olhos, pois, também, em certos casos as partes estão resguardando sua saúde utilizando máscaras.

Nesse momento, o silêncio é o grande aliado do mediador, de molde a se concentrar nos diálogos, em toda a plenitude dos axiomas da comunicação.

O silêncio, portanto, não é somente o momento em que uma das partes ou ambas estão ponderando, antes de dar uma resposta, e que o mediador deve respeitar. Mais importante é o silêncio do próprio mediador, a permitir a manifestação livre da identidade do mediando.

Verificam-se, com mais intensidade no ambiente virtual, alguns empecilhos à comunicação, como, por exemplo, o denominado *delay* – aquele intervalo de tempo para receber imagem e som.

Descabe a figura do mediador ansioso, que completa palavras, sem conceder o amplo espaço para que todos falem e possam ser ouvidos em seu tempo, sem interrupções ou perguntas assíncronas durante a narrativa.

O silêncio é, ainda, arma poderosa para a escuta de propostas implícitas.

Cabe, portanto, ao facilitador aguardar o fim do discurso das partes, certificando-se, todavia, de que a narrativa foi entendida por todos e não há mais intenção de falar.

Mas, principalmente, no ambiente virtual, deve zelar para que todos estejam escutando atentamente o discurso da parte e que isso seja respeitado, lembrando o papel de modelo que possui e que ele – o mediador – dará o tom da mediação.

E, ao questionar as partes, deve entender que imagem e som demoram um pouco a chegar e as partes, um pouco mais a ponderar. Há, ainda, maior cuidado quando forem vários participantes.

Alguns programas de aplicativos possuem o recurso de uma das partes apontar seu intuito de manifestação (levantar a mão). Pode ser interessante, no início da mediação, fixar essa regra para evitar interrupções.

Mas, sobretudo, ao mediador, é exigido respeitar o momento de cada uma das partes na mediação. Elas estão lá porque não houve anterior espaço de escuta a propiciar o reconhecimento de sua identidade.

Essa é a regra geral, que, como tudo na vida, comporta exceções.

E um caso vivenciado nos demonstra quão simples pode ser o silêncio.

Em uma mediação em que comparecera uma família de oito pessoas, após as apresentações e explanação do processo de mediação, seguiu-se um enorme silêncio.

Foi quando o mediador, preocupado com o sinal da internet, questionou se todos haviam entendido o que acabara de dizer.

Para sua surpresa, uma das mediandas logo apontou que todos na família sofriam de deficiência auditiva de grau moderado e que somente ela se utilizava dos aparelhos de audição.

O silêncio decorria do simples fato de que ninguém escutara ou mesmo ouvira com nitidez o que fora dito. E note-se que, nas apresentações, todos pareciam ouvir perfeitamente, mas, talvez, para não ingressar em desvantagem e não demonstrarem certa fraqueza (ainda arraigados nas posições), nada relataram, até que a situação ficou insustentável.

Por isso se lembra a lição de Lisa Parkinson quanto ao silêncio, no sentido de que "palavras adequadas precisam ser encontradas para liberá-lo".

E, mais que isso, o silêncio deve ser dosado com uma enorme colher de sensibilidade, que talvez tenha faltado nos momentos iniciais da referida sessão.

Evidentemente que, a partir dessa constatação, a mediação sofreu outro rumo e a fala foi ainda mais pausada e em tom mais audível, adequando-se à situação das partes, que, reconhecendo o esforço da mediação, assumiram uma postura mais empática, reforçando a ideia de que o mediador deve ser, acima de tudo, um agente transformador.

Porque, a partir dessa mudança, os mediandos reconheceram na pessoa do mediador a competência e autoridade para atuar naquele processo em que ele pode influir na transformação do conflito.

Por isso, no ambiente virtual, o silêncio deve ser analisado e praticado sob a ótica de uma mediação como meio de comunicação, com todos os seus componentes, conhecendo-se todos os participantes e certificando-se de que todos estão devidamente integrados no processo, escutam e são escutados ativamente, pois o silêncio pode decorrer até mesmo de um não entendimento absoluto do que está se comunicando.

Outro grande cuidado do mediador refere-se à assimetria das partes ou ao desequilíbrio de poder. Partes poderosas podem induzir as menos favorecidas a silenciar, nesse caso impondo-se a aplicação da denominada ética do cuidado.

Em síntese, Bruno Takahashi[46] aponta que

> como a relação de poder é dinâmica, cabe ao conciliador estar

---

46. TAKAHASHI, Bruno. *Desequilíbrio de poder e conciliação*: o papel do conciliador em conflitos previdenciários. Brasília: Gazeta Jurídica, 2016, pp. 95 e 105.

atento aos diversos rumos que essa relação pode tomar durante o processo conciliatório. Deve estar ciente de que a sua presença e os atos que venha ou não a praticar também irão afetar a relação de poder entre as partes.

E, ainda, completa trazendo a noção de que

> para que seja garantida a base adequada de poder, sobretudo em situações de notório desequilíbrio, salientou-se a importância da ação do conciliador, atuando de maneira dinâmica entre a proximidade e o distanciamento das partes. O limite dessa atuação é a percepção de que as partes podem tomar uma decisão informada.

Nesse ponto, o silêncio deve ser captado como um sinal de desequilíbrio de poder, a tornar necessária a intervenção imediata do mediador, concedendo à parte a informação dos meios de que pode se servir na mediação para trazer sua narrativa e seu empoderamento.

Uma observação se faz necessária, todavia, para que não se desvirtue a função do mediador: ele zela pelo princípio da decisão informada, mas não é o procurador da parte, tampouco o magistrado sentenciante.

Deve, portanto, apenas zelar para que as partes saibam suas possibilidades no processo de mediação e certificar-se de que entendem perfeitamente seus direitos e deveres; intervindo, nesse caso, na decisão do processo, mas, e somente, como condutor das partes aos meios de auferir essa informação, jamais como consulente ou expositor de conceitos técnicos e jurídicos aos mediandos.

O mediador faz a ponte da comunicação e, por isso, é silencioso. E zela pelos princípios da mediação, dentre eles o da decisão informada.

Conclui-se que a ferramenta do silêncio deve respeitar o tom da mediação e espelhar a figura de terceiro facilitador e multiparcial que conduz o processo, permitindo aos mediandos a expressão exata da sua narrativa a aflorar a identidade de cada um.

O silêncio nas sessões virtuais, aliado às peculiaridades do ambiente, permite ao mediador esquematizar a mediação de modo a transformar o conflito e, por isso, é ferramenta da maior importância nas ODRs.

OS AUTORES

BEATRIZ DI GIORGI é conciliadora/mediadora privada e judicial no Tribunal de Justiça do Estado de São Paulo, advogada e conselheira da Comissão de Prerrogativas e Direitos da OAB-SP, foi docente na Faculdade de Direito da PUC/SP e, atualmente, é professora na Academia Paulista de Mediação e Conciliação (Apameco). É autora de diversos artigos e livros, entre os quais *Um olhar sobre a Sororidade* (In: *Feminismo, Pluralismo e Democracia*, Editora LTr, 2018); *Flávio Di Giorgi, seu nome era professor* (EDUC-PUCSP, 2016); *Sentimentos humanos: origens e sentidos* (Fundação Stickel, 2013); *Especulações em torno dos conceitos de ética e moral* (In: *Direito, Cidadania e Justiça*, Editora Revista dos Tribunais, 1995); *A Figura/Personagem Mulher nos Processos de Família* (coautoria com Silvia Pimentel e Flávia Piovesan, Sergio Fabris Editor, 1993). É também poeta, autora do livro *Labirinto* (Neotropica, 2014), e publica regularmente poesias em diversas revistas especializadas.

ELIETE RITA PENNA é advogada formada pela Pontifícia Universidade Católica de São Paulo (PUC/SP) com pós-graduação *lato sensu* em Coaching com base Ontológica e Neurobiológica, junto ao Instituto Apanna, conveniado à Faculdade de São Vicente (SP). Cursou a especialização em Mediação, na cadeira de psicologia – COGEAE na PUC/SP (2007) e sempre atuou na área cível como profissional liberal, com ênfase em direito imobiliário, securitário e direito de família, além de atuar como mediadora na área privada, em questões relacionadas ao direito de família e empresarial e como conciliadora e mediadora no Tribunal de Justiça de São Paulo. Professora de Mediação na Academia Paulista de Mediação e Conciliação (Apameco).

HELENA RIBEIRO TANNUS DE ANDRADE RIBEIRO é advogada, membro da Comissão Especial da Advocacia na Mediação e na Conciliação da Ordem dos Advogados do Brasil – São Paulo. Graduada em Direito pela Pontifícia Universidade Católica de São Paulo (PUC/SP), pós-graduada especialista em Direito Processual pela Universidade de São Paulo (USP), em Docência no Ensino Superior pelo Senac São Paulo e em Métodos Alternativos de Solução de Conflitos pela Escola Paulista da Magistratura de São Paulo. Instrutora certificada pelo Conselho Nacional de Justiça (CNJ), supervisora de Mediação Judicial pelo CNJ, supervisora dos Cursos de Capacitação para Mediadores Judiciais III, IV e V da Escola Paulista da Magistratura, docente no 3º Curso de Formação de Instrutores em Mediação para a Justiça Estadual na Escola Paulista de Magistrados de São Paulo. É conciliadora e mediadora do Tribunal de Justiça de São Paulo; expositora da Oficina de Pais e Filhos do Fórum de Pinheiros; idealizadora do Projeto GPS Grupo Permanente de Supervisão no Fórum de Pinheiros/SP; sócia, diretora e coordenadora de Cursos da Academia Paulista de Mediação e Conciliação (Apameco) e da Câmara Privada de Mediação, entidades cadastradas no Tribunal de Justiça do Estado de São Paulo.

JOÃO AUGUSTO FAVERY DE ANDRADE RIBEIRO é advogado, formado pela Universidade de São Paulo – Largo de São Francisco, membro da Comissão Especial da Advocacia na Mediação e na Conciliação, da Ordem dos Advogados do Brasil – São Paulo, pós-graduado especialista em Métodos Alternativos de Solução de Conflitos pela Escola Paulista da Magistratura e em Docência do Ensino Superior pelo Senac São Paulo. Mediador e conciliador do Tribunal de Justiça de São Paulo e do Tribunal Regional Federal da Terceira Região, instrutor certificado do Conselho Nacional de Justiça (CNJ), expositor de Oficinas de Parentalidade no Fórum de Pinheiros/SP, supervisor dos Cursos de Mediação Judicial da Escola

Paulista da Magistratura-EPM – FAC 9 e 10, docente na Academia Paulista de Mediação e Conciliação (Apameco).

RACHEL RACA BROMBERG é fonoaudióloga, mestre em Distúrbios de Comunicação pela Pontifícia Universidade Católica de São Paulo (PUC-SP). É mediadora e conciliadora capacitada e certificada pelo Conselho Nacional de Justiça (CNJ), atuando no Tribunal de Justiça do Estado de São Paulo, com *expertise* em mediação familiar. Pós-graduada pela Escola Paulista da Magistratura com especialização em Métodos Alternativos de Solução de Conflitos.

Editor científico: Guilherme Assis de Almeida
Editor: Fabio Humberg
Capa e diagramação: Alejandro Uribe
Revisão: Humberto Grenes / Cristina Bragato / Rodrigo Humberg

Dados Internacionais de Catalogação na Publicação (CIP)
(Câmara Brasileira do Livro, SP, Brasil)

Mediação : diálogos com a nova ordem : ODR / Beatriz Di Giorgi ... [et al.]. -- São Paulo : Editora CL-A Cultural, 2022.

Outros autores: Eliete Penna, Helena Ribeiro Tannus de Andrade Ribeiro, João Augusto Favery de Andrade Ribeiro, Rachel Raca Bromberg
ISBN 978-65-87953-31-1

1. COVID-19 - Pandemia 2. Direito processual 3. Resolução de Disputas Online (ODR) - Mediação 4. Solução de conflitos (Direito) 5. Solução de conflitos - Mediação online I. Giorgi, Beatriz Di. II. Penna, Eliete. III. Ribeiro, Helena Ribeiro Tannus de Andrade. IV. Ribeiro, João Augusto Favery de Andrade. V. Bromberg, Rachel Raca

21-89540   CDU-347.918

Índices para catálogo sistemático:
1. Solução de conflitos : Mediação no meio virtual : Direito processual   347.918

(Maria Alice Ferreira - Bibliotecária - CRB-8/7964)

Editora CL-A Cultural Ltda.
Tel.: (11) 3766-9015 | Whatsapp: (11) 96922-1083
editoracla@editoracla.com.br | www.editoracla.com.br
linkedin.com/company/editora-cl-a/

Disponível também em *ebook*